陳銘磻 文／圖

# 旅行文學的112堂寫作課

旅行是一種生活學習的態度
寫作是一種心情結晶的過程

作家的日本文學地景紀行及旅行文學寫作便覽

# 【序說】心眼因風景而開的體驗

## 旅行是旅人用來建立生命認同的本體，藉此收拾和整理人生。

回顧二十九歲隻身遠赴日本，追隨從事新聞記者工作，日治時期就學大阪的父親，自東京遍行至四國；近一個月風塵奔走，激起父子偎隨同行，深切的喜悅。父親走後，換我帶領三個小孩，援引走過的路，再現多彩景象。

後來數年，替換通曉日語的女兒，費心依我需求規畫行程，伴隨照應，逐一完成《日本文學地景紀行》十二冊書籍的採訪、寫作與出版，工夫繁重，耗時費神。

如今，進出日本四十年，足跡深及北海道、東北、關東、中部、近畿、山陰山陽、四國、九州、琉球，遍歷無數古蹟、名景，激賞民俗祭儀、綺麗文化、幽玄人文、璀璨美學、魅惑文學，無不刻鏤心眼；甚或力有未逮偏巧錯失的勝景，也不覺遺憾。

打心裡酷愛遊走日本，記錄旅遊蹤跡，喜歡旅行中誠懇面對並不成熟的自己，以及載記遇見的生動景物。所有見聞，後來逐一成為寫作素材。截至目前，拿日本旅遊為題材的紀行，包括：旅行紀、文學地景之旅，以散文、報導呈現，總計二十六冊。

閱讀日本文學名著、尋索人文地景、寫作文學旅行，占據人生大半時間。

曾經佇足人跡罕至的郊野山林，凝望天色、樹影、遺蹟，飽吮草木氣息，沐浴大自然光澤，心情變得無比舒暢；當意識到這便是寫作好材料，心裡就會劇烈襯映生之光采。

沒有經歷就不會有判斷，旅行是旅人用來建立生命認同的本體；過去至今的取材寫作，大都與傳統背道而馳，這就是我，不打算改變，也回不了頭；往復創作數十年，難免會有些許想法封存暗室，而今，不做聯想，盡情放懷把四十年旅行經驗描繪下來，勗勉自己，出版每一本書，都將是此生最後一書；因為難捨，所以格外用心。

書寫本書，依然抱持這種態度，希望藉由一一二篇放眼人事物景的隨筆之作，讓讀者從個人心有所感的紀行，體會國風文化的綽約美學，領受旅行衍生的感動，甚且納流寫作遊記的逸趣，看看自己如何使用對於報導文學的體認，以每篇五四〇字短文，闡述人文風景給予生命的丰采感觸。

人生偶遇美景，心眼因風景而開的體驗，催促我以文字寫生，松尾芭蕉說：「旅行又旅行，秋風盡在旅途中。」比起後悔沒把行旅遇到的春風秋雨拍攝下來，不如先寫了再說。

寫作本是一場被文字折騰的拚鬥遊戲，文學旅行寫作，我是這樣勾摹，換作是你，會運用怎樣的思維、文字，傳述旅遊印記？

櫻花綻放時間短暫，卻感覺不到悲傷，為何？那是因為無論浮世長短，她一心專注為完成盛開的使命，竭盡全力而活的緣故！

寫作這本個人第一一二本書，即是得自旅歷感受的純粹心意，藉此收拾和整理人生。一個人感動太多、堅強太久，最怕別人安慰；對你來說，這本書或是旅次情事的串聯，對我而言，是生命之旅。那麼，為什麼非要以寫作回顧客旅記憶？答案是不存在的，答案若不是自己得出，就沒意義。

好吧，也許這句話還不賴：旅行是為了下一次能走更遠的路。

**〔近畿地區〕**

## 【目次】

【目次】

北海道最大的阿奴部落

# 〔北海道地區〕

# 愛到日本旅行的男人

走過寧謐安適的函館到小樽，即便一陣風鈴聲，盡美一瞬，也會使人恍惚忘了上路。啊，繁花之春，冬雪未融，遲延的櫻花，彷彿要人等待的夏螢秋月；明明說好天暗前就走，挨著碰著，再不走，暴風雪就快橫逆襲起。

我要用疾行如飛的腳步，走遠方的路，在深雪紛飛的北海道，看日光輝耀下，差些使人睜不開眼，綻放璀璨光芒的雪琉璃。對面天狗山雪飄迷濛，不時發出白淨亮光，從天際匆匆劃過；雪祭的函館、小樽果真美得如詩似畫，宛如剔透幻景。

要是過了冬季，不再飄雪的阿伊努の國，是不是就不美了？

雪落未停，獨坐銀の鐘飲一杯好看玻璃杯可以順手帶走的小樽咖啡，看遊客臉頰泛起琉璃光澤，那

• 有「丘陵之街」美稱的美瑛雪景

是旅行的幸福況味吧！

雪的飄瀟意象意味什麼？是要將苦吟身心置放大自然，與大地結合，便於求得精神解放嗎？還是為了走入異地他鄉尋覓無常人生在莫測變化中出現的生存見證？或許只有流轉才是生的明證！不意在函館巧遇猛風狂吹的暴雪，無畏滯礙，還在小樽雪地拔腿行進；我是北海道初發的朝顏，在旅行中幡然稚氣，咕噥銀白農田長出幾株綠芽，好似迎來春天。

初春到北海道看許久未見的廣闊平原，不久又要去另外地方。生命旅行是什麼？人生並不存在常居之世、長住之所。過去的日子，數不清到日本幾回？去過哪裡？今後，還要持續下去。

果然，有個可以隨時回去的家，就能隨心所欲出外走走。

• 夏末小樽運河風光

# 北海道

# 函館

# 小樽

# 旭川

# 帶廣

# 雪女夜行

• 津輕海峽邊的旅店雪光

這一晚，住進鄰近津輕海峽的旅店，更深夜靜，屋外一片漆黑，輕啟倚海樓窗，風吹冷顫，都已子夜幾點？雪花在朦朧透光的夜空飄零，好似不願停歇的自天際漰然而下；儘管如此，了無睡意的俯身聆聽殘存黑夜呼嘯而過的咆哮，以及沙鷗咕嚕。

海峽風聲厲厲，浪潮氣燄高漲，逐波而緊，一再發出嘶吼，給人望而生懼，感到心驚膽寒。

沒想闔窗，屋外雪片詭隨勁風紛飛，迎面交錯飄來，愈堆愈厚，愈沾愈涼，彷彿掛不住雪塊的枝椏，臉頰瞬間被撒潑得冷颼不堪。

取來相機打算拍攝海峽夜景，這時風雪促急，一陣寒意襲來，鏡頭驀然憑空閃現疑似小泉八雲《怪談》裡的〈雪女〉，白色粉狀，形貌若女子，頂端發出一抹雪光，附著鏡片正中，直盯這頭。不確

● 津輕海峽冬景色

定那是夢境還是現實，真的是「小雪」嗎？驚悚嚇人，心恍恍，煩絮得實在不知如何面對，下意識趕忙刪除，急切抹去掉這幅奇異怪象。

詭譎幻影現形，可也離奇非常？未料返臺後，記憶卡儲存的照片蕩然無存，一張不留。會是靈異傳說應驗，或……；很難說清、道盡，看來有必要收驚了。

雪花橫切的海峽，這邊函館，那頭青森，把臉湊近初相逢的歌謠之海，雪女飛向何方？不由記憶起石川小百合演唱的〈津輕海峽・冬景色〉。初愛的歌謠，一首喚起旅行況味的演歌，急湍奔流腦海。

啊，海峽冬景色，不意與雪女廝覷片晌！這樣寒冷的夜晚，我是不該驚懼的。

# 津輕海峽

# 函館

# 小泉八雲

# 雪女

# 青森

# 石川小百合

# 邂逅花人街道薰衣草

夏日北海道，一片綺麗花田，惹人心花怒放。身陷只有花叢，未見地平線的富良野、百花爭妍的彩之丘，稍不留神就備受輕風搖曳的薰衣草淹沒，被來襲不絕的花色撞個七零八落。廣漠花田帶來難以言喻的舒坦，且以風雅之姿誘惑，那華麗四伏的驚豔，隱約透露眼睛慘遭刺激，身形如迷蝶，不停亂竄。

喜歡夏末初秋的花田景色，休怪年年到北海道旅遊的臺灣客居高不下。

八九月的薰衣草園散布亮粲的紫色魅惑，此時此刻，彩之丘的花田化身深淵，以心會意，引人縱身躍入；依循斜坡小徑，一路讓錦簇花團牽引，臨坡土堆，一塊偌大田園，這裡一排，那邊一列，花色香氣如海浪撲向四方，使人猝不及防的陷入花海。

這是美吧！美的存在，令人無端雀躍，就是所謂

• 四季彩之丘花景

「邂逅」吧！

日本畫家東山魁夷說：「如果花朵永遠綻放，圓月每晚浮現上空，我們也永恆存在世間，那這樣的邂逅是不會帶來任何感動吧？能從心底深處感受花的美，是一種與同為人間短暫存在邂逅的喜悅，在無意識中對彼此生命泛起憐愛之情。」

誒，這不就是多數日本民眾對美的共通意識？一種好比櫻花飄落的灑脫姿態。櫻花勝景短暫，能和滿月相會更難，滿月不過一夜，若是那個晚上不巧堆起千層雲、下起雨，就見不到月圓之美。為了擁有這款景象，人必須在那裡，美才會發生。

花人街道薰衣草，美到想把她從心中移走，惟恐夜半席捲入夢啊。

• 四季彩之丘薰衣草園

# 北海道

# 薰衣草園

# 富良野

# 四季彩之丘

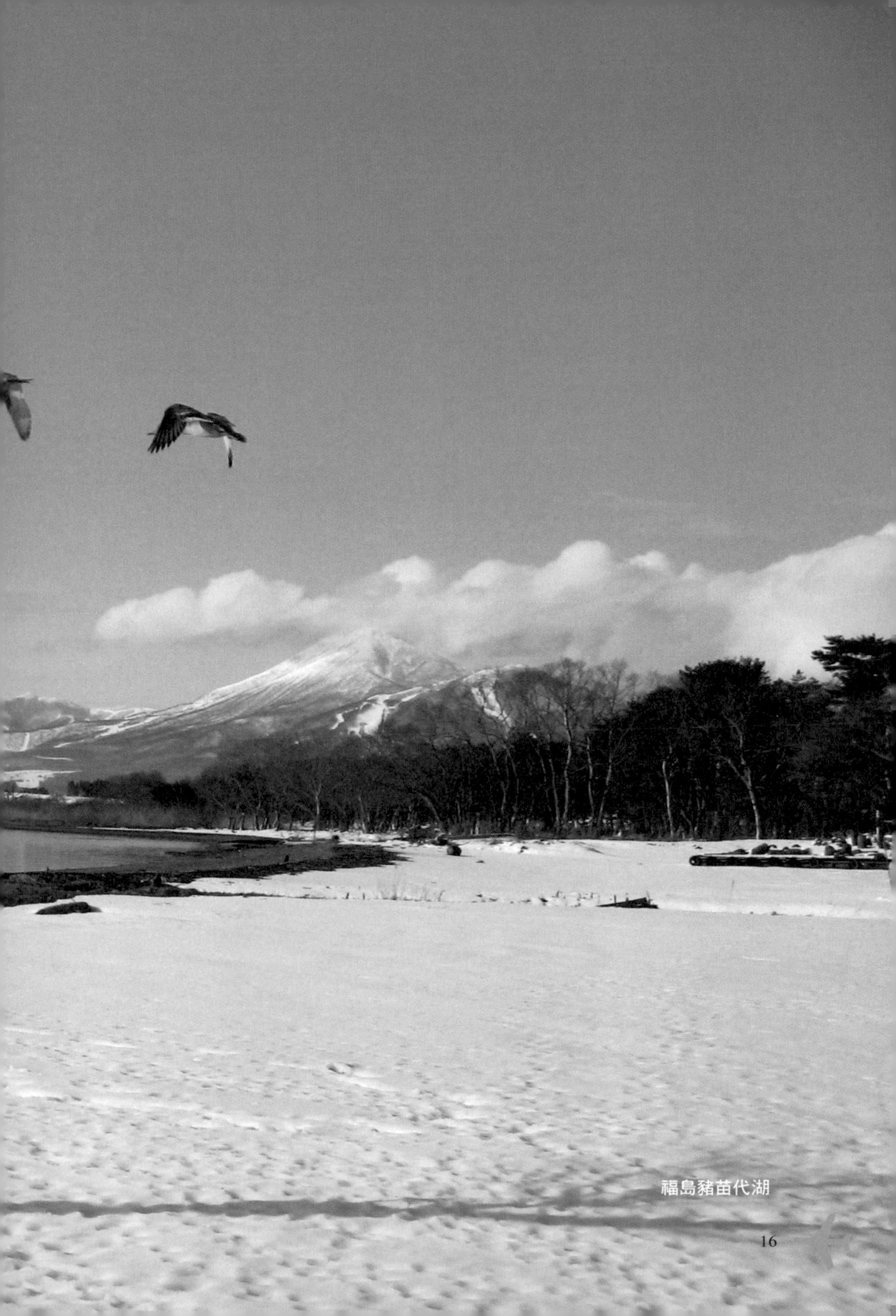
福島豬苗代湖

# 〔東北地區〕

# 愛戀美男子的將軍

漫遊仙台，自然記起以青葉城領地，建立具藝術氣息都城的「獨眼龍將軍」伊達政宗。

仙台因伊達家族在城下町建設而繁榮，有「學都仙台」讚譽，譯作家林水福教授亦曾就讀東北大學。仙台名產為碳烤牛舌、竹葉魚板。

青葉城遭廢棄，遺址設成公園，聳峙伊達政宗躍馬持戟的銅像，自此眺望仙台夕照，別有詩境。

仙台博物館收藏一封伊達政宗給只野作十郎、示意大名將軍也是酷愛「眾道」的愛情手書，十分傳神。

眾道者，日文指主公與侍童、家臣、美少年之間的曖昧關係，武士的情人稱「小姓」，專司護衛主公、料理起居，又有男色之喻。

信件寫於一六一七年，時年五十的伊達政宗，與貌美少年只野作十郎締結眾道之約。某日，一名托缽和

• 伊達政宗雕像

尚密告，說有人暗戀作十郎；政宗聞訊，當場用極其難聽的言語斥責。

蒙受不白之冤的作十郎，為明證清白，以刀割腕，寫下誓約血書，送給主公。

政宗吃驚道：「太痛心。我如果在場，無論如何也會阻止你這麼做。」又說：「為了回應你的心意，照理說我也該割傷手指或劃傷大腿、手臂，但我已是有兒有孫的人，若沐浴時被其他小姓看到，會說我老不尊，也會讓子孫蒙羞。」

政宗討饒：「至少要寫下誓約書，用誠意送去給你，請求原諒。」

叱吒風雲大將軍，情真意摯的癡狂男子，美色水乳交融，慾令智昏，正是貪婪愛戀美少年的眾道者，既愛女色，更愛男色，色難呀！

• 青葉城遺跡公園

# 宮城縣

# 仙台市

# 青葉通

# 青葉城遺蹟

# 仙台博物館

# 伊達一族

## 悲嘆啊！櫻花不是引人煩憂的景色

極盡視覺美的宮城縣松島，因峭拔海面二六〇座嶙峻不一的島嶼，扇谷、富山、大鷹森和多聞山組成的島嶼群，生長蒼松而得名。星羅棋布的小島在水氣迷霧間顯現秀麗景致，又因氣勢壯闊，世人別稱「八百八島」，日本三景之一。

俳句名人松尾芭蕉造訪憑山俯海的松島，對美色濟濟的風景讚譽：「松島呀！啊！松島呀！」岸邊賞水姿，如同置身蓬萊仙境，因而喻稱「松島四大觀」。

位於松島灣的「西行戻しの松」公園，植有七百多株櫻花樹，軼聞傳說，西行上人曾於松樹下跟一名修行青年論禪，各持己見後，不知何故，西行沮喪放棄繼續雲遊松島的計畫；後人意欲西行返還松島，才有「西行戻しの松」公園。

• 西行返還公園之櫻

一一一八年出生京都的西行，本名佐藤義清，平安末期武士，某日，好友憲康猝世，他感歎人世無常，決意捨官、棄武、拋妻、棄子，獨身前往京都嵯峨雙林寺出家。

畢生追求萬物之美的西行，既為武士，又是僧侶，且是歌人，他的和歌，平淡中具詩魂律動，文詞優雅，內涵修行者清冽枯淡的心境和情境，被認為是和歌史上足以跟柿本人麻呂匹敵的歌人，亦為平安末年幽玄之風的代表人物，人稱「歌聖」；因癡戀櫻花，並稱「櫻花詩人」。

西行一生吟櫻的和歌達兩百多首，「我願在春天的櫻花下死去，以此望月。」櫻花盛開時辰短暫，無需哀怨悲嘆，那是竭盡全力綻放後，歡喜完成滿開的使命所致啊！

• 日本三景松島灣

# 宮城縣

# 松島灣

# 松尾芭蕉

# 松島五大堂

# 西行返還公園

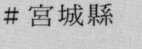

# 露水短暫命，取捨應有時

• 嚴冬之豬苗代湖

落雪的磐梯山這頭，日本第四大湖豬苗代湖，上空捲起一層薄雲，雲朵遮掩不住浩瀚藍天，明晰可人的陽光輕巧滲透雪地，是朗朗耀眼的金色光芒，使人心情愉悅了得。

福島豬苗代湖又稱白鳥湖，無數白鵝常年徜徉湖岸覓食。

踩進湖畔雪地，只見幾株枯樹在冷風中搖擺，遠方會津若松，因少年白虎隊聞名的鶴ヶ城，隱約若現，透露些許冷然的蒼涼之美。

明治維新初期，據守會津若松的藩主拒不投誠，保皇黨派兵進擊，史稱「戊辰戰爭」。時當會津藩守軍依年齡分成四支部隊，其中十五至十七歲預備軍叫白虎隊；因槍枝彈藥不足，隊員僅能以長矛、武士刀應戰。

彼時，白虎隊正處距離孤獨最近的所在，隻影無援。

• 豬苗代湖又稱白鳥湖

內戰爆發，白虎隊初出任務，慘遭皇軍擊潰，僅餘二十成員撤守飯盛山，驚見都城火焰沖天，誤認鶴ヶ城陷落敵方，眾人悲憤難抑，決定集體切腹自盡；最後僅留一名奄奄一息的隊員為好心路人搭救，始知鶴ヶ城只是遭火焚燒，未及淪陷。少年武士殉難的故事自此流傳，遂成會津若松鶴ヶ城一頁淒厲史詩。

未經查察，一時成為井底之蛙，不識大海，只知藍天呀！

出生仙台的詩人土井晚翠，後來以鶴ヶ城與青葉城發想，創作歌謠《荒城之月》，悼念舊城遺蹟，以及白虎隊英勇魂魄喚醒的惆悵。

**天地乾坤四時同，榮枯盛衰世之常，人生朝露明月映，嗚呼荒城夜半月。**

淒美的樂音，此曲現為仙台市地下鐵報時音樂。

# 福島縣

# 磐梯山

# 豬苗代湖

# 會津若松市

# 鶴ヶ城

# 白虎隊

# 荒城之月

漱石山房一樓展覽室

〔關東地區〕

# 政治是把戲，全靠演技

到日光東照宮看戰國時代的歷史浮塵，不免想起，絕義政治真是難可逆計，人只有活下來，就不會輸，只要左右腦袋仍在，很快又能燦爛起來；老謀深算的德川家康自是典型。

寒氣逼人的東照宮，濕滑石階籠罩濛濛水氣，想見以算計謀畫終結戰國，成就幕府霸主的德川家康，便是亂世中以苟且偷生換取豐功大業的明證！

德川家康一統日本，一六一六年亡歿，被尊祀江戶幕府守護神「東照大權現」，子嗣德川秀忠選擇已有一千兩百年歷史的栃木縣日光市日光輪王寺、二荒山神社，建造「東照宮」家廟，並於家廟上方興建「大猷院」陵寢。

東照宮始建於一六二四年，歷時十二年完成，動用

• 東照宮陽明門

四百五十四萬人力，工程費依現值約六百億日円。庭園種植一萬四千棵樹，宮宇雕刻五千多類，一九九九年成為日本第十座世界文化遺產。

氣勢恢宏的東照宮，清幽散步見叢林，境內坐落日本最大石造鳥居，高九公尺；用花崗岩建造的牌坊是社殿，主祭德川家康，合祀豐臣秀吉、源賴朝；迴廊横梁，刻以遮眼、摀嘴、堵耳，象徵「非禮勿視、非禮勿言、非禮勿聽」的三猿、眠貓、鳴龍等華麗浮雕。

大和民族認為看淡政治，勘破生死才是人生本意，把傷口變成滋味才是生活，所以甚少拿寶貴時間迂談闊論政治；口誅政治，恰似飛蛾投焰撲向無賴政客的私欲圈套，恐將瘋癲墮落到認知障礙的窘境。

政治是把戲，全靠演技，哪有清新乾淨的！

• 日光東照宮

# 栃木縣

# 日光市

# 日光東照宮

# 德川家康

# 222貓咪日

二月二十二貓咪日，在澀谷TOKYU HANDS東急手創館，買到十二隻像極了我豢養的多多貓圖案的桌曆。每個月頭一天，書桌更換不同款式、隨時笑顏迎人的紙板貓，容或紓解一時片刻的愁悶。

每個月能有一天流露單純笑容就已足夠，人進入一定年紀，是該安穩於心，貪戀不得。

明白工作不是生活全部，偶爾興起玩物心，或能重現某個使人懷念的年代。

旅途匆促，見物思念，突然發覺人生已走到這麼長、這麼遠，設若還能幽居玩物，顧景解頤，宣洩被道德抑制的嗜欲，不也沾得一點趣味。

過往鄙事常翻出來講沒意思，可幸眷戀一下純情意，便不必背負一生都償還不清的活命罪戾。

每回到日本，不管從關東轉關西，只要得有機會，

• 貓咪桌歷

喜歡走一趟手創館，看東看西，買東買西，這裡的商品配製雅正，僅能以愛不釋手形容。

或許不知其中玄奧的人感到奇妙，到底是怎樣的人喜歡到手創品分類精細、樣樣幽雅的商店購買價格不菲的名品；我不是有錢人，過去不是，現在依然如此，每次逛街，一定會到這裡走走，這一家被認為販售高性能、高品質生活用品的多元商店，喜歡沉浸在動手做一本書、一筆箋、和紙、紙雕卡片等，設計精緻的創意紙品櫃，看藝能美學，從而歡喜心醉。

過去紛紜雜沓做過幾十年出版人，從未認真在意紙製品，就算現在，見到紙板印製的桌曆貓，才會突然想起別人提到，原來自己曾是個喜歡編輯紙本書的人。

• 新年裝飾紙製品

# 東京

# 澀谷

# 東急手創館

# 紙板貓桌曆

# 被流浪貓撿回靈魂的男人

• 漱石山房紀念館

人的內心終歸沉睡有見不得光的黑暗，以及讓人嫌憎反感的一面；這些陰翳適巧被能輕易辨識人心，訕笑人性醜態，夏目漱石創作的《我是貓》撞見。要是不喜歡見不得光的黑暗被發覺，就把它藏起來，埋入心底，含混過一生！但是唯獨不能欺瞞自己，就算誰都不知道，自己也必須承認，其實心裡早已存在這樣汙穢的一面。

位於早稻田南町的「漱石山房紀念館」，是為紀念國民大作家夏目漱石誕辰一五〇週年而建，二〇一七年九月開館，這裡同時是文豪寫作《我是貓》的地方。

當年和家人生活的「漱石山房」，原址改建成「漱石山房紀念館」，主建築後方「漱石公園」入

• 復原後的夏目漱石寫字房

口立有文豪半身雕像、根據《我是貓》製作的貓塚石塔、道草庵等。

設立「貓塚」，象徵《我是貓》與夏目之間的文學因緣，不禁聯想這隻擁有比人類更能看清逸民愚昧賦性，充滿智慧，能觀察人類言行，卻連老鼠都捉不住，沒名字的貓。當看穿人心無趣，覺到人世無聊，偷喝啤酒，失足掉進水甕淹死，是否意味夏目對大惑不解的人性，只能以表象遮掩苦澀，用詼諧傳述悲痛？作者形容：「這部書，既無情節，也無結構，像海參一樣無頭無尾。」是風趣吧！

重建的紀念館展示夏目著作、墨跡、寫字間原貌；一樓咖啡座、販賣部，屋外清俊的野薔薇。唷，好多貓，好多文學商品、漱石稿紙。對貓和夏目文學的喜愛終究沒厭倦，我豈能說走就走！

# 東京

# 新宿

# 漱石山房紀念館

# 夏目漱石

# 我是貓

# 會讀空氣的三四郎

春告魚游來，示意春來了。春日的東京大學，金黃銀杏不復得見，安田講堂林蔭大道一片乾枯頹落。我從不遠的湯島天滿宮與妻女一起散步過來。

一八七七年創立的東大是日本第一所頂尖大學、最高學術殿堂。從東大畢業的傑出人士繁多；文學家川端康成、芥川龍之介、夏目漱石、太宰治、三島由紀夫、安部公房等，成就非凡。

校園坐落文京區本鄉，夏目舊居在附近，樋口一葉、宮澤賢治、石川啄木都住過本鄉。

我到校區購買部「朝聖」，買了半籃印有「東京大學」，應試必備的護身「東大鉛筆」和其他文具。又沒要考試，買什麼意思？

臺大畢業的女兒在身旁，一定讀懂我無節制的購物

• 東京大學正門

舉止；直到現在，我仍會因這孩子自小所表現的成熟機智而吃驚，驚嘆她明晰、聰慧，懂得理解的能力。

成長中的孩子都有過像仙人掌一樣帶刺的叛逆期，就算渾身是刺，只要用心灌溉，也能開出美麗花朵，而溫馨的育德園心字池就近購買部。

心字池原屬加賀藩邸庭園，因夏目的《三四郎》，改名「三四郎池」；小說以蒙上空靈氣息的三四郎池，描繪青春愛情。不落後於社會變遷的夏目，在本書創造先進語言：「空気を読める人」，喻指「會讀空氣的人」是具備觀察環境，視情況而說話、行動、能衡量分寸的人，被視為符合當代社會人的必備條件。

春季到銀杏大道，不見三四郎、美禰子，他們甚或沉入三四郎池，遠離空氣而去了。

• 三四郎池

# 東京

# 東京大學

# 三四郎池

# 夏目漱石舊居

# 湯島天滿宮

# 背負彼此的宿命而活

年輕時期，跟隨父親散步一九二〇年建造的明治神宮，曾在巨大樟樹下說了很多話，不過父親已經不在人世。始終相信，即使別離也會發出親情光芒；無論多麼沮喪，悲傷時，還是會有願意接近、擁抱你的人，或讓你接近、擁抱的人；父親棄世，我僅能以庸人背負彼此的宿命而活。

喜歡東山魁夷說：「生命被造就出來，如同野草、路旁的小石子，一旦出生，便想在這樣的命運中生活。要想奮力生存是頗為艱難的，但只要認識到你那被造就的生命，總會得到一些鼓舞。」

某年，為探尋「聽說」被親人灑在神宮林間某處，母親少許骨灰的真實性，困惑的伴同三個小孩走上冷風讓人感受綠林在跳動的參道。怎麼回事？跟日本毫

• 明治神宮旁原宿車站

無因緣的母親的骨灰，豈會無端跑到神宮，誰妄作非為？

知道真相不一定是好事，謊言有時容易使人相安無事，可我不想被虛情假意蒙蔽！

站在一九七五年取自阿里山森林，臺灣丹大山樹齡一五〇〇年的扁柏，依照大正初期「明神鳥居」的形制與寸法，重建用於新造靈垣，以及神殿外側的大鳥居下，想起跟父親第一次走在這條砂石參道，像個放刁撒潑的野孩子，聒絮不休：「什麼地方不好去，偏愛走這條難行的石子路，不走了，我要回家！」

誰要參拜明治天皇？原來當時期望，一心一意只想到鄰近原宿竹下通商區，尋熱鬧、趕時尚。

真是被原宿、澀谷的潮流幻象迷惑。嗚，對不起，親親我父。

• 明治神宮大鳥居來自阿里山樹齡1200年的樹木

# 東京

# 澀谷

# 原宿

# 代代木公園

# 明治神宮

# 好想把這片風景藏在身上帶走

日本鐵道通達便利，舉世聞名，車站販售的多款「駅弁」便當，點綴旅途最奢華的驚奇。

從東京搭電車往橫濱，不為中華街肉包，更非欲求乘坐復古巴士遊街，只想舊地重遊橫濱港，到山下公園、港見丘公園、玫瑰花園看風景，散步霧笛橋，去大佛次郎紀念館和神奈川近代文學館訪尋文學丰采。

欣賞美好風景並不需要靠運氣，要有不畏懼尋路的勇氣、獨創自助旅遊方式的堅毅決心。

港見丘公園坐落元町東側，山丘圓弧展望臺可望貫覽橫濱港、海洋塔、海灣大橋、港未來21地區、山下公園等景色，是眺望壯闊海港的絕佳地點，圓弧展望臺更是不少日劇取景地。

任何人心眼所見的同一幅風景或許不一樣；然，由

• 港見丘公園圓弧展望臺

於心靈相通，有時你看見的風景也可以成為他人的風景。心眼因風景而開的體驗，讓我在港見丘公園俯瞰橫濱港的瞬間，以及行走在古典歐風建築的英國館、山手111番館、山手234番館、艾利斯曼邸、收藏與服飾相關資料的岩崎博物館、外觀童話一般的山手資料館、外交官之家、法國橋，這些典雅建築周圍的林蔭散步道，看見比以往見過的任何景色，更加歡喜感動。

心都快跌落到美景深淵了，好想把這片風景藏在身上帶走。風景時時變化，是天空清澄明朗的關係，是使旅行心情愉悅的緣故，不覺讓人陶醉起來。

旅行異國他鄉，設若能因看見亮麗風景閃爍光輝而受到感悟，便是順遂、幸福；只要這樣想就好了。

• 港見丘玫瑰園

# 神奈川縣

# 橫濱港

# 港見丘公園

# 霧笛橋

# 山下公園

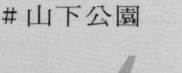

# 過霧笛橋去看湘南文學

• 大佛次郎紀念館

從港見丘公園穿越玫瑰花園，面對的是一九七八年開館的大佛次郎紀念館；路過霧笛橋，面臨的是一九八四年開館的神奈川近代文學館。

年輕時代到過這裡，稱名詩意的霧笛橋，不就是寫作《鞍馬天狗》、《赤穗浪士》、《霧笛》、《巴黎燃燒》、《歸鄉》十餘部現代小說，名滿日本的大佛次郎的作品！當年大佛出版系列《鞍馬天狗》，人人爭相閱讀，就連改編的電影，同樣叫好叫座。

買了票券進入富麗堂皇的展覽廳，館內陳列大佛的手稿、書籍、書齋，迎面而來的是被安置在大廳四方，幾盞華麗的貓俑燈座。

貓奴大佛，以寫作富於傳奇色彩的歷史事件，勾起人們爭看《鞍馬天狗》電影的熱潮回憶；哎，這

• 霧笛橋

是第幾回的春季旅行？記憶本身會逐漸忘卻，能想起的事愈來愈少，無論多麼不想忘懷的事，即使非要想起，總感覺模糊不清，然後在某一天突然發現果真已經忘掉。

忘記就忘記吧，年輕時，以為命很長，其實生命不過是一串數字，數完，一生也就結束。想忘掉沉重心事，最好的方法就是不為難自己。

那就從霧笛橋到神奈川近代文學館，看「湘南文學展」，與橫濱有淵源的作家尾崎一雄、中村光夫、夏目漱石、泉鏡花、三島由紀夫、谷崎潤一郎、川端康成、太宰治、吉川英治等手稿、影像和書柬，甚而買幾樣文學商品，以及芥川龍之介《蜘蛛絲》珍貴的復刻版手稿，聊表我確實到過這兩座前後相銜的文學館。

# 神奈川縣

# 橫濱大佛次郎紀念館

# 神奈川近代文學館

## 紅磚倉庫寶可夢，在橫濱港區

位於橫濱市港灣，瀕臨東京灣岸，與川崎港、東京港構成中樞港灣的「京濱港」，一八五九年開港，有「金港」美稱，日本三大貿易港之一，二〇一一年被列為「國際戰略港灣」。

原本說好要到橫濱看冬末初春的海景、八景島水族館，不意走進二次世界大戰後，美國接管，作為美軍港灣司令部的紅磚倉庫。

一六〇年間，著手「港未來21」規畫，未曾中斷的掀起近代化產業遺產活用計畫，改造、修復、還原，復以鐵骨加強結構體，作為活化創意文化設施，二〇〇二年，兩棟修建落成的倉庫群，榮獲「聯合國教科文組織為保全文化遺產之亞洲太平洋遺產獎」優秀獎；還有，每年八月中旬在港區舉辦「皮卡丘大量發

• 港區紅磚倉庫

生中」的寶可夢嘉年華會。

被遊客讚譽是橫濱港最美的倉庫，每一樓層提供不同場景，一樓「令人愉悅的橫濱港口款待」，二樓「令人滿懷期待且值得永存的珍品」，無論如何，就是要人盡情享受超乎尋常的購物快意。

混合寒風與暖氣進出倉庫尋寶，儘管如此，觀賞港口、拍攝夕陽下古樸的紅磚倉庫，還是要的。那時我想，臺灣也有不少紅磚倉庫、日式老屋改建，是做得不夠精練圓熟？沒能力把對「舊式」感受到的意象，真切而細緻的創作出來？還是因為表現技巧拙劣？

應該是觀察流於表面，無法達到相當深度，以及心思沒能和大自然緊密融合，最後，徒讓風雨歲月把樸實的美與愛全都劫掠，是可惜了。

• 橫濱港夜景

# 神奈川縣

# 橫濱港

# 八景島

# 港區紅磚倉庫

# 寶可夢

# 鎌倉長谷花未眠

旅行好似一列火車，有人中途下車，有人搭抵終站。夜半時分，我和妻女從梅田乘坐每個座位張掛有獨立布簾遮掩的夜巴，天明六時準點到達鎌倉車站。隨意找了家餐飲店，飽食一頓清爽的蔬果、咖啡早餐，再散步到一間相銜一間，門面妝點藝術的個性小店，巧小玲瓏的小町通，然後前去湛藍海岸，朝聖《灌籃高手》片頭，江之島的電車海景。

江之島電車聲和穿過鐵橋熟悉的晃動，加深對相模灣海岸的印記，喜歡鎌倉、江之島為範圍的「湘南」二字，喜歡陽光海岸象徵的青春逸趣，以及老舊電車平添的樂趣。

美好回憶常在即將遺忘時到來。去鎌倉大佛參拜彼時，不由自主想起川端康成的故居就近不遠在那裡。

• 川端康成舊居庭園

回首兩千年夏日某天到長谷，閃動莫名念頭，決意尋找川端舊居。這是怎樣放任自流的勇氣，膽敢敲啟諾貝爾文學獎得主的陳舊大門，冒昧跟開門女管家，說了些連自己都聽不懂的臺日中英混音語，唯一願求進入大師家庭園看看就好。

這是書迷硬闖偶像家的慣性行徑吧！

女管家聽聞來自臺灣的客人，勉為其難接納，引領過柴扉，進入文豪抽菸、看日暮的庭園，介紹《古都》、《雪國》女主角岩下志麻和川端曾坐過的緣側臺階，我迫不及待請求女管家一起坐上文豪閒坐清雅的臺階合影。

話說回來，喜歡一個作家，真的不需要理由，能進入川端故居，是離鄉背井的旅人，尊貴的榮耀，而我用鹵莽做到了。

• 作者與女管家在川端閒坐石合影

# 神奈川縣
# 鎌倉
# 江之島
# 江之島電車
# 長谷
# 川端康成舊居

# 妄想從寫作得到幸福

從高德院鎌倉大佛散步到鎌倉文學館，路途不遠，是一段寬敞的清雅大道，想到要接觸久違的文學館，心底油然升起一波銷融疲累的喜悅。像我這樣不懂愛自己的人，早該被蒼天當作生物鏈的失敗作品擲棄；過去，不顧母親反對，非要走上寫作之路，她甚至推算我必窮酸餓醋一輩子。

人不是因懦弱才會崩潰，當年一邊寫作，一邊嫌惡自己，也沒潰敗；神啊，這是我喜歡的工作！沒人是為了讓自己不幸才寫作，我是妄想從寫作得到幸福，因而苦惱。

想到鎌倉文學館走一趟幽玄的林間步道，在於這幢歐式建築曾被三島由紀夫當作靈感，取材寫入《春之雪》松枝侯爵宅邸的原型；小說改編電影，由丰神俊

• 鎌倉大佛

美的妻夫木聰飾演松枝清顯。

作為三島小說的地景藍本，曾是丹麥大臣和內閣大臣佐藤榮作的別邸，登錄為國家有形文化財的鎌倉文學館，不僅外貌氣派，喜見館內鎌倉近代文藝史，以及大佛次郎、川端康成、小林秀雄、與謝野晶子、夏目漱石、芥川龍之介等三百餘位文學家的原稿、書作、生前用品；二樓還可眺望鎌倉街道、由比ヶ浜。

很難相信，敬重文學與文學作家的日本，全國擁有若干設計典雅的文學館，以文學之名營造的文學名景、步道，成就文化旅遊的特色。並坐文學館綠茵，屋前玫瑰園繁花盛開，得見風雅的文學景致，未免驚嘆，日本重視生活美學的稟性，文學如斯，以人文創造文學地景更且令人誇讚。

• 文學館以玫瑰園聞名

# 神奈川縣

# 鎌倉大佛

# 鎌倉文學館

# 花不會因你的疏離不再盛開

每個人都有各自的美學程度，我的美學是不說夢話，用現實體現。

就說鎌倉古都，保存不少寺院神社，巷衖的藝品店、餐館、咖啡館繁多，遊客可以買到渾純好吃到骨子裡，連細胞都會感到愉悅的紅豆栗子水羊羹、鎌倉丼。喜愛從鎌倉車站東口，店家門面裝置風雅，藝術氣息濃厚的小町通商店街，走到鶴岡八幡宮。

八幡宮是武家源氏、鎌倉武士守護神，主宮為雙層式樓門，兩邊迴廊和偏殿配對華麗。

若宮大路作為鶴岡八幡宮參道，兩側種植千株櫻樹，春天紅櫻盛開，花瓣紛飛，景觀優雅；東側植有一株軼聞傳說的「靜櫻」，上書：「靜櫻 靜御前終焉の地 福島縣郡山市」，「靜御前」是戰神源義經的愛

• 鶴岡八幡宮

妾「靜」。

發生在鶴岡八幡宮源賴朝與源義經兄弟廝殺的情事，告誡人們：花不會因你的疏離不再盛開，人卻因你的錯過，轉身陌路。

鎌倉為平安時代源氏領地，鎌倉幕府發祥地，郊區標高百公尺的源氏山公園，矗立有象徵武家政治首腦的源賴朝雕像；公園植有六百多株山櫻和染井吉野櫻，是關東地區賞櫻名所。

還有，非去不可的「錢洗弁天」。「錢洗弁天」又稱「錢洗弁財天宇賀福神社」，遊客只要取用身上的錢，放入洞穴水池清洗，利潤翻倍；唷，我入境隨俗洗了兩張千元臺幣，靈或不靈，試試便知，這是一時半霎的旅遊樂趣吧！

到洗錢神社浸潤臺幣乾過癮，比幻覺更實在。要作夢、講夢話，睡覺以後再說。

• 源氏公園源賴朝雕像

# 神奈川縣

# 鎌倉鶴岡八幡宮

# 小町通

# 源氏公園

# 錢洗弁天

# 一定是我的淚水使月亮陰晦

大自然是美的代名詞，由天地神祇創造；正是這種渾成景象，能讓人尋求旅途的天緣奇遇。首次帶三個長大的小孩，從池袋到平塚會晤父親生前好友清行宏夫婦，就是這樣的境遇。

平塚是我年輕旅行關東的寄寓處所，語言不通的交流，跟夫婦兩人慣以漢字筆談溝通。生活需要的，早替我準備；想去的地方，都妥善規畫，義無反顧開車帶我遊歷。叨擾多年，把人家的生活攪弄到疲累不堪，深感過意不去！

不知何時，勤走關東的青春時代消逝，懷念的心情，不管到什麼時候都不忍割捨，便和三個孩子，攜帶見面禮，會見和我一樣逐漸老去的兩人。

相見寒暄不過半鐘點，夫婦隨即驅車款待食事吃烏

• 作者與日本友人在小田原

龍麵、揚物。二月天，櫻花未開，遊客甚少的小田原城，勾起依稀回憶；車過早川，順行富士山下，雪白山形迎面而來，車子停靠蘆ノ湖，頂風難擋，走近湖畔，水波漣漪，往事一幕幕垂落。

箱根驟冷，雲霧在旅人匆匆趕路的眼前浮現，富士山飄來的雲好似在歌唱，還有風笛聲音；邊喝清行宏夫人在投幣機買來的熱咖啡，邊看寒風吹皺蘆ノ湖水。午後不安靜的湖邊，夫婦二人聽聞家母隨父離棄塵界，硬在我手心塞入裝有五萬日円的お香典，要我代她買花探望；不禁心酸難熬，直到相送回程，竟在月亮陰晦的池袋街角，忍不住放聲啜泣。

任憑天地改換模樣，時間不歇，今天，明天，日子再久，終究無法遺忘箱根平塚這一天。

• 蘆ノ湖

# 神奈川縣

# 平塚

# 小田原城

# 富士山

# 蘆ノ湖

輕井澤白絲瀑布

# 雪國夜空下一片白茫茫

• 越後湯澤雪景

人對風景的深情好似單相思。我因癡迷川端康成的文學，旅行到越後湯澤，車才靠站，便一溜煙走出車站，頭頂飛雪，腳踩深雪，滿懷激動進入《雪國》冷冽景地；眼前群山果然白茫茫。

書頭文寫道：「穿過縣界長長的隧道，便是雪國。夜空下一片白茫茫。火車在信號所前停了下來。」這段文字已然渾成名言佳句。

作為《雪國》場景的湯澤町，超脫俗世的滑雪勝地。作者譬喻「一段徒勞的愛情故事」就在這裡發生，又說：「儘管駒子把愛情傾注島村，但島村有種空虛感，總把她的愛情看作一種美的徒勞。即使那樣，駒子對生存的渴望反而像赤裸肌膚，觸到他身上。他可憐駒子，也可憐自己。」

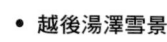

• 高半旅館與隧道

輕薄男子的愛情態度教人看不透，這種頹唐人情未免奢侈。《雪國》述說愛情不是用找的，是邂逅，還強調：人生苦短，一定要戀愛，少女呀！少男呀！

本書獲獎後，原本冷清的小鎮廣為人知，川端當年獨宿大峰山麓高半旅館的「霞の間」，保存完好，陳設如故。投宿客可隨意進房，體認川端心目中的雪國，以及藝伎雜揉野性與純真的魅力。

湯澤町的春天遲來，高半旅館一片銀白，門前積雪深厚，胎痕交錯，芒草在雪地纖纖挺立，清澄天空下，路邊一間「島村ロッヂ」，彷彿見到靈魂受震的島村，困畏的顫動身子，把粉狀細雪抖落下來。

屬於你的人，眼睛裡總是帶著少年時代瞞著人戀愛的神色等待，離開的，都是過客。

# 新潟縣

# 越後湯澤

# 雪國

# 川端康成

# 那是我所不知的駒子側臉

湯澤町通往高半旅館途中的「雪國館」，展示早期農民使用的農具、民俗器具、溫泉發掘歷史、雪衣斗篷、川端康成日常生活用品；以及被獨立陳列的女主角駒子的住屋，昔日藝伎生活顯像歷歷在目，彷如進入小說情境。

駐足一樓落雪的清水隧道巨幅照片前拍照，雪光在幽暗中發出深重的苦澀氣味，那輪廓徘徊腦海，依舊明晰；見景生情，托物比興，一時歡欣振奮，放肆溢出的唯有感動。

替川端康成繪製不少書冊封面的畫家東山魁夷，在隨筆〈六支彩筆〉寫道：「我喜歡描繪的並非人跡罕至的景觀，大都是散發人間氣息的地方。我的風景幾乎不出現人。理由在於，我所描繪的是作為人心象徵的風景，風景述說人心，沒有對人的感動，就不會有對自然的感

• 越後湯澤雪國館

動。」

川端在《雪國》描寫越後湯澤的自然人文、男女戀情，同樣以述說人心做出完美詮釋。

「雪國館」把小說場景如數搬入；那是我所不知的駒子側臉，樣貌看似焦灼，是悲愁嗎？胸中縈繞不散小說主角島村和駒子徒勞的愛情影像。

窗外清晰見到身穿豔色滑雪服的伴侶、少年，在山麓那頭滑雪，坡度不高，可以清楚知道那是由許多家庭組合的隊伍；記得在車站還聽見來自臺灣，背負滑雪板的成群遊客，驚喜的談話聲呢！

離去雪國館，屋外粉雪沉甸，恍然驚覺這一天的一切如此可親，只因有妻女相偕撐傘，搖晃在被殘雪分隔的坎坷甬道。

這時，居酒屋已打烊。

• 館內駒子室

\# 新潟縣

\# 湯澤町

\# 雪國館

\# 駒子

\# 東山魁夷

# 愛情好像貓的毛

輕井澤是江戶時代中山道「宿驛」，屬於往來江戶與京都的旅人驛站。明治時期，輕井澤沒落，直到一八八六年夏，加拿大傳教士Alexander Croft Shaw發現這裡的景致與故鄉多倫多幾分神似；隨後興建別墅，啟開輕井澤為避暑勝地的新頁。鹽澤湖、睡鳩莊、高原教堂、堀辰雄山莊、碓氷觀景臺、白絲瀑布、蜻蜓之湯，無不討人歡心，神氣愉悅。

輕井澤位於長野縣淺間山，海拔一千公尺，青翠綠苔、私語小徑、幽美石牆、隱現落葉松林的別莊，如綠色海洋，處處畫景。一九五八年，卸任天皇明仁與美智子在網球場邂逅，結為連理。披頭四成員約翰藍儂，自樂團解散到去世，幾乎每年夏季會攜眷到此度假。文豪川端康成、三島由紀夫的別墅也在這裡。

還有，渡邊淳一「不倫」名著《失樂園》，主角久木、凜子最終在輕井澤旅店以氰酸甲殉情。講述四個成年男女，從未達到人生頂峰而悠然、平淡生活，描繪一場單戀的抒情日劇《四重奏》亦在此取景。這裡是知名貴族別墅區、上流社會聚居地。

愛情或不倫戀情，大抵從錯覺和一廂情願開始，始終蘊含禁忌刺激，被認為是，明知不可為而為、耽美沉溺在無法自拔的悲劇美學。愛情跟貓的毛很像，不知不覺間到處都是。深陷性壓抑的日本社會，不倫之戀或許是逃避窒息的「喘息作為」，也是人性現實面的真實體現。啊，只能說，有些戀情隱而不言，沒有你存在，就是散不去的極夜。

• 鬼壓出園觀音寺與淺間火山

• 森林別墅

• 白絲瀑布

# 長野縣

# 輕井澤

# 明仁天皇

# 約翰藍儂

# 失樂園

# 四重奏

# 上高地有座不可思議的河童橋

法國詩人波特萊爾說：「我的一生都用來構思如何造句遣詞。」而經歷無數生命苦痛，感嘆「人生不如一行波特萊爾」的芥川龍之介，以上高地為背景寫成不可思議「烏托邦世界」的《河童》，書迷豈能不身歷其境，觀其究竟？

就算時代變遷，觀念也不會很快改變，這篇小說是芥川嫌惡現實社會的顯影，明白神經衰弱的痛苦，不想因恍惚，再經歷一次心碎，所以用文學嘲諷人性。

上高地，隸屬中部國立公園飛驒山脈，被白樺、落葉松等原始林環繞，大正池、明神池分布其間。一九一五年，燒岳山爆發，噴流的大量泥漿堵塞梓川，形成大正池，藍色池面突起的枯樹與綠林構成獨特景致，讚譽「薄綠的霧」。

• 國立公園飛驒山脈上高地

上高地被群山圍繞，橫跨區域包括中之湯、坂卷；前往旅遊的人，大都局限大正池到明神池一帶，著名的河童橋就在其間。站立跨越梓川，長三十六點六公尺、寬三點一公尺的河童橋，眼前聳立積雪穗高峰、燒岳火山等名山勝景，看嚴冬皚皚飛雪垂披山峰，美如帛畫，使人沉醉。

一九二七年對上高地來說是極特別的一年。是年三月，芥川在《改造》雜誌發表以該地為背景的小說《河童》，造成轟動，上高地與河童橋驚喜現身；七月，上高地溪谷部分入選「日本八景」；八月，昭和天皇的弟弟秩父宮從上高地登奧穗高山、槍之岳，成話題新聞，從而打開穗高山、上高地、河童橋知名度，讓上山觀光的遊客遽增。

• 河童橋

# 長野縣

# 上高地

# 穗高連峰

# 梓川

# 河童橋

# 壯麗立山，壯闊黑部

• 有日本阿爾卑斯山雅稱的立山

人活在粗俗世間，必要時會嚮往遠離塵囂，使心到高山，讓眼界開闊。但現實生活不可能讓人經常遁跡山林，否則忙碌的庸俗雜事找誰處理。人類社會不可能完全擲棄世俗，或許只能摹想，至少別讓鄙俗那麼不堪。

到富山縣的立山看山，立山、富士山、白山並稱三大靈山，屬飛驒山脈，素有日本阿爾卑斯山雅稱；山頂積雪，即使夏日到訪也能親近，傳說，峻嶺雲端縹緲的彼方，神明就住在巔峰之間，日本人讚譽「聖山」，又稱「神的故鄉」。

漫遊雄偉立山，必須搭乘六種不同交通工具，高原巴士、電纜車、隧道巴士、空中纜車、地下纜車，從山頂繞行全長約八十六公里的山道，穿越立

• 黑部湖、黑部水庫

山到達底部黑部峽谷的專用道路，前進山水天地，行雲流水，好不暢快。

貫穿立山與黑部峽谷之間的索道，據稱是為了建造黑部川發電所而修築的運輸通道，沿途峻嶺、深谷，一覽無遺開闊的壯麗山水，足以媲美瑞士峰巒。

黑部湖位於黑部川上游，立山和後立山之際；海拔一四七〇公尺的黑部水庫屬穹頂拱壩式越流型，壩高一八六公尺，堤長四九二公尺，是日本第一大壩。車站旁建有展望臺，憑欄遠眺，整座水壩建築、立山連峰、北阿爾卑斯群峰的景致盡收眼底，山風徐來，無比暢快。

遊山之餘，閒賞山林野鳥，得見彩蝶，以及綻放白雲花田間的高山花卉，還有被列為特有生物的遠古珍禽雷鳥，儼然成就立山為野外自然博物館。

# 富山縣

# 立山

# 黑部川

# 黑部峽谷

# 黑部水庫

# 走進合掌村，滿園波斯菊

這裡是《平家物語》平家軍遺族的桃花源。

一一八三年「源平之戰」，平家軍在北陸俱利伽羅峠遭木曾義仲的火牛陣擊潰，十萬餘騎剩兩千，殘存武士為避源軍追殺，越過層巒疊嶂，藏匿岐阜白川鄉僻壤荒野，就地採茅草覆房頂，方便隨時遷移，屋舍外貌如手掌斜斜合攏，故名「合掌造」。

近千年以來，後人安享與世無爭、自給自足的生活；直到一九三五年，德國學者布魯諾・陶德發覺、揭露合掌造，自此聲名大噪。

一九九六年十二月，合掌村以「白川鄉與五箇山的合掌造聚落」被聯合國教科文組織列為世界文化遺產，擁有一百一十四棟合掌造的荻町最壯觀；與福島大內宿、京都美山町，並稱三大茅葺屋之里，又喻「冬日童話村」，日

• 合掌村冬景色

本三大祕境之一。

從庄川相逢橋進入荻町，良田、美池、桑、竹之屬，阡陌交通，雞犬相聞的村庄，散發摺疊幽影，坐沉桃花源纖柔的清風足音，心情隨之豁然。

黃昏散步村落，合掌屋無所不在，忽見炊煙冉冉昇起，沼池喚來幾隻薄翅黃蝶，在池畔花叢翩翩起舞；啁啾鳥語聲，此起彼落叫響田園悠然自適，像是整座山谷都在歌唱。

如此美景，不知平家軍後裔，如何看待平安王朝末年，兩個武士集團的政爭？戰士受迫務農，村民可安於現狀？

天色漸晚，山風發出幽寂聲，聚落小燈一盞盞亮起來。原來，故鄉不一定是出生所在，與珍惜的人、喜愛的風景邂逅的地方，或許都是故鄉。

• 白川鄉合掌村合掌造

# 岐阜縣
# 白川鄉合掌村
# 合掌造
# 世界文化遺產

# 工細出巧匠的飛驒高山

日本達人擅長把東西做細，工細出巧匠，葛飾北齋、歌川廣重的浮世繪，畫金魚的深堀隆介，做壽司的小野二郎，邃密技巧曾風靡古今眾生。位於岐阜縣的高山市，便是宮殿建築技藝的匠師產地，纖巧技能熟成工匠們的日常。

高山市素有「飛驒小京都」美譽，以高山陣屋蹟、櫻山八幡宮、三筋町街屋，馳名當世。

飛驒高山擁有八千年前繩文時代留下的文化遺蹟，約一千三百五十年前，隨大化革新，這裡即有納稅規則，然，飛驒山國沒米糧、錦織可納貢，便以選派壯丁進城造建宮殿、寺院為另類進貢。

從飛驒差遣外派的壯丁，建築壯觀建物，因工程艱辛導致許多人逃跑，相對建設宮殿的工夫傳承，仍有

• 高山陣屋跡

為數不少工匠，興建出有名的寺院返回飛驒，集體發揮經驗技術，共同構建著名的「三佛寺廢寺」。

直到現今，飛驒工匠闢建寺院，都能充分表現傳統工藝的本領，光是古川町，一九八六年還有多達一百二十三位藝匠。

緊鄰高山市的飛驒古川，同樣保留無數古街道，白壁土藏街、飛驒之匠文化館。二〇一六年，賣座的動漫電影《你的名字》取景地就在古川，古川圖書館、信物「結繩」、味処古川五平餅、飛驒古川站、氣多若功神社、高山市日枝神社，都成為電影地景。

到高山市旅行，心眼被古雅色調的建築悉數淹沒，凡事變化快速的科技年代，無須順應潮流，又能保有心所嚮往的核心價值，飛驒高山切實好典範。

• 櫻山八幡神社屋台藏

# 岐阜縣
# 高山市
# 三筋町
# 飛驒古川
# 你的名字

# 金澤白梅花，落了一朵，兩朵

● 池泉廻遊式大名園林

金澤市位於石川縣加賀地區，北陸最大城市。安土桃山時代，本能寺之變後，豐臣秀吉五大老之一前田利家遷入金澤城發展，是當年第四大都市，僅次江戶、大阪、京都；如今是喜歡尋找祕境新景的遊客喜愛的旅遊勝地之一。

市區東茶屋街鋪設石磚路，林立傳統格子戶第宅；長町一帶，保存過去治理政務的加賀藩武士私邸；還有，金澤城公園玉泉院丸庭園、雪白城牆，屬池泉廻遊式大名園林。

其中，「冬天的防雪吊繩」的兼六園最富盛名，廻遊式造園，與水戶偕樂園、岡山後樂園並列三大名園，腳狀如琴柱的徽軫燈籠座最為著名，是兼六園代表性名物。

三百多年前，由前田家建造的兼六園，小橋、飛

• 一派悠然清閒兼六園

瀑、石燈籠、水榭亭臺；三月梅苑，紅梅、白梅競逐綻放，景色無邊；四月櫻花，染井吉野、里櫻、彼岸櫻等紛飛飄落。

兼六園原是金澤城外園，五代藩主綱紀在現今三芳庵建造蓮池御亭，作為起源；十二代藩主齊廣邀白河樂翁為該園命名，因林園具宋代李格菲《洛陽名園記》描述的「宏大、幽邃、人工、蒼古、水泉、眺望」六勝，所以樂翁依六意境命名「兼六園」。

丰姿兼六園，徽軫燈籠座孤立池畔，人在月見橋凝望霞之池，漣漪推波蕩漾彼岸雪見橋、花見橋、雁行橋，一派悠然清閒。

好樣，果不其然深受唐宋風潮影響的國風文化，注重花木景致的名園設計美學，以及賞心悅目的湖光水色，難怪遊客絡繹不絕。

# 每次你道歉時，我都覺得很煩

愛情僅是生活部分，非人生全部，會有被人拒絕交往的可能，被拒絕，表示有機會堅強，成為更有意志的人；因為知道被拒絕的痛苦，從中汲取教訓，才不會對下一個人做出同樣傷害。

確實如此，這種現實戀情，來自《金色夜叉》，一本波折情節足於構成典型的愛情教科書。

位於靜岡縣東部，與神奈川縣接壤的熱海，著名溫泉鄉、進入伊豆半島的門戶，也是明治作家尾崎紅葉小說《金色夜叉》的背景舞臺，宮之松海濱公園立有男女主角間貫一和お宮的悲涼雕像，以及人稱熱海三大別墅，曾是私人別莊的「起雲閣」，作家志賀直哉、谷崎潤一郎、太宰治都曾到訪，不啻為《金色夜叉》成就今日聞名的溫泉熱海。

• 伊豆半島相模灣

小說敘述貪戀銀行家兒子的錢財、不惜移情別戀的女子，以及因愛生恨成為放高利貸、斂財惡魔的大學預科生間貫一，搖身變成金錢夜叉，回頭報復お宮；儘管女子不斷乞求討饒，愛戀情誼仍難挽回。某個月夜，兩人終在海岸黯然別離，用抱憾的餘生救贖罪孽。

愛情發生，從最初「不管如何，對方的一切都愛。」到分手後，昭告世人「倘若有來生，會時刻警惕自己，再也不能與這人相見。」《金色夜叉》的結局，恰如正岡子規的俳句：「我去你留，兩個秋。」尤其見過宮之松公園的悲戚雕像，使人心情濕漉漉，像吸水海綿一般沉重。

如若來生有緣相遇，還要重複如此狼狽的一生嗎？愛情咒語是：不必回頭。

• 《金色夜叉》劇情雕像

# 靜岡縣

# 熱海

# 宮之松公園

# 尾崎紅葉

# 金色夜叉

# 心情留在桂川畔

過去以來多少回，從東京搭車往熱海，換乘浪漫「踊子號」列車到伊東，轉修善寺、湯ヶ島，瀏覽不盡川端康成《伊豆の踊子》筆下美景。這一次，女兒帶路，讓她未曾到過伊豆的母親，一起從熱海、三島、修善寺溫泉，轉搭公車入修善寺，住進桂川畔，楓葉黃澄澄的民宿人家。

平安王朝末年，原是源賴朝因禍得榮，發跡建立鎌倉幕府的伊豆半島，二次大戰後，因川端寫作家喻戶曉的《伊豆の踊子》，竟成風靡一時，清閒的度假勝境。

到伊豆旅行必捨對大山大水、磅礴勝景的妄念，如歌慢板的伊豆聚落，只許心無雜念眺望，就能遇見大自然輕聲喚來的清幽景色，那些俊雅景物隨時隨處緊抓人心，引領駐足，催促我，催促喜歡幽玄的旅人打開心門，寫生寫意，輕鬆散漫起來。

風雅的散漫，有何不妥？到伊豆幾回，眷注優閒自在的翩翩風情，使人心情不禁舒緩起來。好吧，我就是刻意前來重溫川端寫作《伊豆の踊子》的湯本館、天城山；島木健作寫作《赤蛙》的竹林小徑；夏目漱石「修善寺の大患」療病的菊屋、修善寺、獨鈷の湯。歷歷舊事，不勝枚舉。對伊豆的愛戀始終不變，古雅景致一路迎來。是誰偷喝了大吟釀？使人迷醉不醒。

重點是，到伊豆可遐想不同時期、不同版本，演出《伊豆の踊子》的俳優吉永小百合、高橋英樹、山口百惠、三浦友和，質樸的清純戀情，在天城山、杉並木道、下田港倏然重現。

• 修善寺下方獨鈷の湯

• 桂川楓林

• 夏目漱石字碑

#靜岡縣

#伊豆半島

#川端康成

#伊豆の踊子

# 流浪人歸，亦若回流川

不知多年未見的修善寺，定格在時光隧道的哪裡？一切沒變，只是少了些很難想起的舊事；籍籍往事不易清理，要它鎖進心房，別再理會，讓心內的記憶開關，自我排解。就是，你永遠不知道下一刻會發生什麼？到了明天自然會吹明天的風呀！

再次見面的修善寺，原名修禪寺，中唐貞元年間，渡海學儒習佛的空海開基，寺院收藏有平安時期的金銅製獨鈷杵、禪師畫像、歷代住持書法、源賴家墓塚、馬具、陣旗、北条政子為子祈求冥福寄放的宋版放光般若經等古物。

喜歡修善寺庭園狀如翦翦輕雲的松柏，蔭涼處聽群樹歌唱，諦聽大地呼吸聲，隱含靜穆快意。

正月天，百草萌發，黃的，鮮綠的，匯成一曲多采

• 桂川

的鄉野樂章，嗡嗡嚶嚶的蜂蟲在清俊的杜鵑花叢飛翔；這時霧靄流動，伊豆初降細雨，迷亂了僅輝映片刻的朝陽。

和妻女撐傘過渡月橋，到桂川「獨鈷の湯」躲雨。露天泡湯池怎能避雨？雨水細密，看見溫泉口四周搭蓋茅頂的木椿圍籬，改變形貌，成為一座小型泡足湯公園。因為坐落桂川，所以特別。

相傳八〇七年前後，修善寺的溫泉水注徐緩，可療傷治病；因空海的獨鈷法器相助，溫泉水注得以大量湧現，居民便將溫泉取名「獨鈷の湯」。

今天想和你讀一首俳句：「人世間，流浪人歸，亦若回流川。」再從桂川畔走竹林小徑，隔開細雨絲絲的花和水，探一探促使島木健作寫作《赤蛙》的「赤蛙公園」安在？

• 修善寺

#靜岡縣

#伊豆修善寺

#獨鈷の湯

#竹林小徑

#源賴家墓地

#赤蛙公園

# 窗櫺外探出頭的那棵青松

• 湯ヶ島湯本館

喜歡美籍詩人梭羅說：「你去過哪些地方或能走多遠並不重要，走得愈遠恆常愈糟糕，重要的是你活得多用力。」旅行伊豆，雖如露水短暫，自有露水般剔透的形影。

離開水生地下天城山起點，依湯ヶ島公車站牌指標，徒步漫山蜿蜒陡斜的湯道，到狩野川支流匯聚「出會橋」。「男橋」佇立貓越川、「女橋」橫跨本谷川，穩固的棧橋，男人從男橋那頭走來，女人從女橋這頭走去，會合處，心型鋼塑景觀矗立其間；據稱，男橋女橋是《伊豆の踊子》薰子與川島迸發愛戀火花所在，淡中滋味長的戀情，如此雅致。

散步瀝青山徑，隨路標順行隱蔽狩野川畔，好比祕境的「湯本館」，一間擁有露天浴池的溫泉旅

• 河津七瀧《伊豆の踊子》雕像

館，川端康成二十歲往來伊豆，與賣唱藝人並行，投宿的旅店。

「湯本館」二樓房間，《伊豆の踊子》寫作發祥地，保持川端住宿原貌，窗櫺外探出頭的青松，隱約得見作家生前獨樹一幟的清新風貌；牆上字畫掛軸，桌面瓶花筆墨，微微撐起的蘆簾，教人心生儒風好感，驚嘆川端在屋間盱衡文學的如流筆翰。

湯本館因川端而聲名大噪，旅館的掛飾、擺飾，無不與《伊豆の踊子》相關。

寒蟬未鳴，愛情無聲，惱人日頭隨風而逝，人間情愛非到失落時，才恍悟何必當初。興奮來到湯本館，無緣會見薰子、川島，僅能在古意深緲的旅館裡外拍照，攝下《伊豆の踊子》人偶、書刊、商品，霑濡幾許樸實的幽寂光澤。

# 靜岡縣

# 伊豆湯ケ島

# 湯本館

# 伊豆の踊子

# 出會橋

## 面臨死亡，體會生死如浮雲港區

晨間，從修善寺往天城四一四號線，沿「道の駅天城越え」的「昭和の森伊豆近代文學博物館」參訪可攝影、觀賞，收藏在湯ヶ島度過幼年的井上靖、伊豆出身的木下本太郎、穗積忠、高杉一郎，以伊豆為題材書寫的川端康成、梶井基次郎、若山牧水、北原白秋、島崎藤村等作家手稿、文獻，以及遷徙到博物館場內的「井上靖邸」。

然後，為尋訪一九一〇年夏目漱石胃潰瘍住院，八月六日進修善寺菊屋療養，二十四日晚間大量吐血，陷入昏迷，親友、學生聞風懷抱臨終告別的心情，從四面八方趕往探望，幸而兩天後病況稍微好轉，十月十一日返回東京，住進長與病院診察；期間，病情惡化借住的菊屋，已不復見。

專程從修善寺搭乘往返虹の鄉的公車，看搬遷到主題樂園僻靜一角，充滿詩畫浪漫的水景色，改名「夏目漱石紀念館」的湯回廊菊屋，見識文豪歷經一場差些喪命的「修善寺の大患」，如何讓自己從《修善寺日記》紀錄面臨死亡，體會生死如浮雲，以及病癒後對文學思想和藝術思維產生的巨大變化！

進入虹の鄉樂園的伊豆の村，再過錦橋，看遷移過去的「夏目漱石紀念館」，館藏手稿、書畫、書籍，還有刻入病中吟詠的漢詩：「仰臥人如啞，驀然見大空。大空雲不動，終日杳相同。」豐盈伊豆文學幾許渾厚的漢詩風華。

古意、沉穩、疼惜學子的夏目漱石啊！離開的人是不會理解被留下來的人的心情。

• 文學博物館內的井上靖邸

• 修善寺虹之鄉夏目漱石舊居

• 文學博物館展覽室

# 靜岡縣
# 伊豆近代文學博物館
# 井上靖邸
# 修善寺虹之鄉
# 夏目漱石舊居

# 〔近畿地區〕

琵琶湖長浜段

# 影像左右顛倒，並非真實的我

日本最大面積的琵琶湖，波光粼粼，山影絕色，世界遺產比叡山延曆寺、彥根古城、安土八幡等「琵琶湖八景」就近湖畔。

從近江今津乘船到竹生島寶嚴寺參拜，陽光炙烈，腦子裡盡是炎夏色彩，水湄桔梗臨風搖曳，紫陽花繽紛生姿，湛藍水景涼意清爽，逢遇平靜湖面瀇漾一片水鏡。

這面鏡子得見人的身形，影像左右顛倒，並非真實的我，是另一個人。真實的我，缺陷繁多，我在顛倒影像看見變老、衰弱的陌路人，還有曾被稱譽如柳條的左手，因免疫系統損壞，一夕間走樣，手背手指不時冰冷掐著疼，連累整隻手發麻，原來，身體的敵人是不照規矩來的病變。

• 琵琶湖近江今津乘船處

這時，渡輪已經航行湖心，湖水濺起嘩啦聲，飛入耳際，給人某些豁朗回應：活著，就是不能承受遭病魔俘虜之辱。

一直以來，人從身心剝奪太多東西，以致未及經歷多少歲月，肉身便已頹圮毀傷，後來又聊以解嘲，意圖把失去的每一寸靈魂填補回去；然而，啊，能從身體回流的東西變得更少，人已作不回原來的自己。

原來的自己到底怎樣？作個面目一新的自己也不壞呀！為了不使如冰寒針扎的手背遭受殘虐，隱忍知覺芒刺的左手曝曬湖水面，左手曬右手，右手曬左手，沒用。琵琶湖讓我藏匿自卑失效，不，應該說，現實點燃人的野心，我便假裝行將漸凍的左手完好如初。

問你，末梢神經到底多疲鈍！終究了然，再不照護病痛，災厄會在遺忘時刻到來。

• 長浜城

# 滋賀縣

# 琵琶湖

# 近江今

# 竹生島

# 一衣帶水琵琶湖八景

• 琵琶湖八景碑

一九四九年，滋賀縣琵琶湖觀光協會選定譬喻「煙雨」的比叡山、「夕陽」瀨田石山唐橋、「涼風」雄松崎白沙洲、「曉霧」海津大崎岩礁、「新雪」賤岳雪景、「明月」彥根城、「深綠」竹生島、「春色」近江八幡，名列「琵琶湖八景」。

遺憾八景僅到訪五景，比叡山之森、石山寺之雅、壯麗彥根城、竹生島落日沉影、近江八幡水鄉，一派廣漠景色的光彩，僅能從旅行中捕捉瞬息變化的吉光片羽。

位於滋賀縣彥根市的彥根城，別名金龜城，為一座木造城堡，一六二二年建造完工，與愛知縣犬山城、兵庫縣姬路城、長野縣松本城並列國家古蹟四大名城。

• 近江八幡運河

坐落山丘的彥根城，護城河引自琵琶湖，遺留白亞天守閣、天秤箭樓、太鼓門箭樓，顯露蒼涼悲壯；城下玄宮園，建於一六七七年，以唐玄宗離宮為藍本，仿唐建築，園區鳳翔臺可眺望彥根城；信步走進草色綠無涯，山水庭榭轉朱閣，看花團錦簇，五葉楓樹、牡丹、紅菊等豔麗花色，相襯小橋流水，井然入畫。壯麗彥根城、典雅玄宮園，飄瀟意境的庭園景致，是純粹的美吧！

從彥根城到近江八幡尋找八幡護城河，現稱八幡堀運河，是連接琵琶湖的運輸要道。

一衣帶水的古城，與新町通、永原町通、日牟禮八幡宮合稱「八幡」，運河沿岸林立往昔白壁倉庫，被遴選為「日本重要傳統建造物群保存地區」。古樸的水景色，漂流歷史陳蹟，不由感受天真的懷古爛漫。

# 在石山寺寫下天命因緣的《源氏物語》

在大津車站見到巨幅琵琶湖浮世繪，浮世繪的「浮世」是為現代風之喻，有三重解釋，一指虛無縹緲的世間，二指享樂人間，三指社會百態。浮世繪是江戶時代大眾文化的一部分，描繪人們的日常生活、風景、戲劇。

從琵琶湖波流瀨田川，經大津市伽藍山，半山腰坐落七六二年神武天皇時代興建的石山寺，寺院擁有近江八景之一的「石山秋月」，以及西國三十三所觀音靈地第十三處而聞名，此外，國寶正殿、多寶塔、月見亭、源氏苑、紫式部雕像、芭蕉庵，以及櫻花、水菖蒲、紅葉等景色，寧謐端雅，如浮世繪。

千年前，紫式部曾到石山寺參拜、住宿，寫作世界首部長篇小說，高文典冊的《源氏物語》而名震古今。紫式部住宿期間，多次在月見亭遠眺輝映琵琶湖的皎潔明月，並將感動寫入書中，石山寺自此不獨成為著名觀月名所，每年中秋前後，寺方還會特意舉行「石山寺秋月祭」，藉古樂演奏以及朗讀《源氏物語》，觸發思古幽情。

迎面一身清暢石山寺，不禁從紫式部的作品意識到，為跟力量相當的工作或情感祈願，而是為跟工作或情感相當的力量伏祈。確信世間猶存守護神，無時無刻在危機時庇護人們，那守護神就是本心呀！

守護寫作這種夢想，想必有人咸言敬畏，不知要花多少年？能否實現？即便害怕、遭受困阻，絕對不放棄，腳踏實地用心實現，這才是文學寫作的極致。你會激勵執著寫作的人嗎？

• 大津石山寺

• 紫式部雕像

• 源氏苑紫式部雕像

# 滋賀縣

# 大津市

# 琵琶湖

# 石山寺

# 紫式部

# 源氏物語

# 比叡山的美不會僅只一種丰姿

經過一季雪狂風猛的嚴冬，連結實的樅樹也折枝斷條，比叡山這些纖弱的芒草怎麼能繼續挺立著呢？

值遇孩子不愛跟大人搭話，處境尷尬的青春期，家庭成員一起從石山寺乘坐京阪電車到比叡山下坂本站，走過滿地落葉、積雪，山襞翳影籠罩的林間大道，潛意識感受不若登山疲累，眼下一座大鳥居，上書「日吉大社」，比叡山就近前方不遠。

比叡山由大比叡岳、四明岳組成，至高點在大津市；延曆寺位於比叡山頂，天台宗大本山，佛教發祥地，不少日本高僧來自比叡山，視為鎮護京城的聖山。

搭乘纜車上山，天空細雪輕盈，飄零滿身，不覺感到興奮。無意撞見的飛雪，好似旅途中絕美景致，有

• 比叡山延曆寺

了雪花共鳴，比叡山的美就不會僅只一種手姿。

孩子們第一次見到雪的驚喜模樣，比如被雪光濾過的心，滲出青澀躍動，沿途剷雪、翻滾，不論那是經由自覺或趕巧，我都樂於參與。一直以來，大人們關注的並非孩子的眼界，而是世人的目光，實在慚愧；孩子要看的不是父母光鮮的背影，而是笑容。

愛由絕望中滋生。在延曆寺候車亭跟兒子要了口沁涼的可樂喝，冰清滋味滲入內臟，嘴角發出被冰涼瞬間刺激的哎呀聲，心脾通暢，難掩無法言喻的歡喜心。

並非所有人際關係都需要浪漫，家庭以相互理解而誕生，家庭組成，是因意識到所有人的生活離不開彼此的依存，而孩子隨適變得更重要；愛，逐漸成為照耀大人的光芒。

• 比叡山雪地

# 京都

# 大津市

# 比叡山

# 延曆寺

# 世界文化遺產

# 京の都風物詩

• 京都清水寺

過去，一次又一次到京都旅行，也許見過這般幽眇的風景吧！為何當時沒能牢記下來？一定是我把它當作尋常風景一晃過去；這種走馬看花的旅行態度，不免湧現歡喜和悔恨的矛盾情緒。

位於近畿地方的京都，七九四年從奈良遷徙的古都，稱「平安京」，是天皇御所，政治、文化中心，作為國都上千年，又稱「京の都」。

每一天，絡繹不絕的觀光客，懷古閒雅，吟嘯徐行，無不喜形於色；象徵傳統文化的茶道、花道、能劇、文樂、庭園建築、和菓子、棋盤式街道、風味格子門、傳統工藝西陣織、祇園街上穿「振袖」和服的藝伎，參拜清水寺、鹿苑寺、南禪寺、平安神宮，以及初夏葵祭、盛夏祇園祭、秋季時代祭

• 夏日葵祭

等祭典，還有跟佛教儀式「盂蘭盆會」同時舉行的「大文字五山送火」祭祀，夙負盛名，撩人心動。

穿梭僻衖，彷彿走入千百年前的人文，嗅聞濃郁的古雅之美；還有，表徵古都的綺麗文化，紛紜雕鏤在每一座寺院，寫進每一季的風物詩裡。

風物詩非詩文，指特有的季節現象，感官、情調、季語、習俗，能讓人感受節令特徵，春櫻、螢狩、秋楓、冬雪、花火、納涼、風鈴、浴衣、甚平、團扇、金魚、草帽、刨冰、牽牛花、流水麵、西瓜、蚊香、祭典，訴諸現代人對歲時的深刻印記。

看見了，在京都看到隱匿巷弄的璀璨流風、寺院沉浸的青史陳蹟；看到櫻花楓葉飄落，輕吻大地一派雍容優雅，恍然出神。

# 迷濛的雪金閣是地獄啊！

二十九歲初次邂逅金閣寺，發現晨間的金閣未眠，沉靜在鏡湖池畔，金碧輝煌的三層樓閣，倒映湖面，看得我意外驚喜，覺到這樓閣身處大自然，美得無垠，切實截然不同。如果說，金閣像永不凋謝的畫中花，多年來，探望這朵日夜綻放清香的花，著實好幾回了。

原名「鹿苑寺」的金閣寺，是京都寺院建築的象徵，建於一三九四年，鎌倉時期西園寺公經的別墅。一九五〇年七月二日，就讀大谷大學，韓國籍的見習僧人林承賢引火自焚，金閣寺遭焚燒，連同供奉殿中的國寶，足利義滿雕像併成灰燼。

不久，三島由紀夫把僧侶燒毀金閣的新聞，寫成《金閣寺》，敘述天生患有口吃，沉溺在幻景，崇尚極致美的溝口，為擺脫美的羈絆，縱火滅絕金閣。

再來，曾在等持院修行當和尚的水上勉，以《五番町夕霧樓》描寫性情孤僻的正順，因情敵強奪夕子，以及繼承寺院住持的前程受阻，憤憤不平，點燃烈火焚燒鳳閣寺，連自身都受火焰吞噬。

文學的感嘆！是三島筆下的「絕美」、水上勉的「怨恨」，使金閣慘遭焚毀。

金閣果然珍品，某年冬季，如願邂逅雪落金閣，毋寧說，彼時我在金閣，金閣在雪中，泛起迷濛而零亂的雪花；日暮時分，以畫、幻、陰翳三者滲人我暖燦燦的心，並使金閣從雪地甦醒，不亞於陽光映照下的絢爛金身。

凜凜朔風、霏霏瑞雪之際，屏息凝視雪金閣，終於明白三島所言，美麗的景色是地獄啊！

• 金閣寺鏡湖池

• 陸舟之松

• 紛紛雪金閣

# 京都

# 金閣寺

# 三島由紀夫

# 水上勉

## 留戀宇治，這是我的妄想

京都散步，無虧風尚；遨遊京都，心情閒適最受用。一語中的，到京都豈能不到訪宇治，有陽光的日子閒步文學地景，自在逍遙。

清閒是漫遊京都最寫意的表徵，心無旁騖乘坐電車前去輕盈無謂悠然的宇治，看宇治川、源氏物語博物館、喝抹茶，始知伶俐不如癡，滿心喜悅。

宇治是《源氏物語》文學原鄉，書末「宇治十帖」就在這裡。平等院、宇治神社、宇治上神社、夢浮橋、朝霧橋、橘橋、觀月橋、與謝野晶子詩碑等地景。

二〇〇四年，宇治觀光單位在宇治橋頭建「夢浮橋廣場」，背倚宇治川的紫式部雕像，旁矗松柏，形象典雅，與傳統典型的宇治橋相互輝映，成為書迷的最愛。

位於宇治川東岸的「源氏物語博物館」，一九九八年創立，坐落碧竹、楓樹交錯的庭院，寢殿式建築，

• 源氏物語博物館

綠蔭清水環繞，連接展覽廳通道，花木扶疏、流光溢彩，彷彿進入平安王朝的貴族府邸。

玻璃帷幕建成的博物館，外部、內廳均以不同面貌呈現，妝點柔和的文學氣氛。那光影，是紫式部？紫之上？還是光源氏？

展覽區設有光源氏「春之御殿」內廳，宇治十帖「秋之御殿」，影像室放映《源氏物語》後十帖，以浮舟為題材的電影。

訊息區取名「花散里」咖啡座，飲料、茶點均以《源氏物語》登場人物命名，朝顏、浮舟，引人入座；其實不捨離去，偏又極甚喜愛，便任性花大錢買下文學屏風、繪卷。

留戀宇治，這是我的妄想！

• 平等院

# 京都

# 宇治

# 宇治川

# 源氏物語博物館

# 花散里

# 宇治十帖

# 哲學之道相遇關雪櫻

為川端康成博得諾貝爾文學獎榮耀的小說《古都》，背景京都，以物哀、風雅、幽玄的精粹美學，寫下日本人文奧義。

京都，以寺院神社林立、傳統文化保存得宜，成就國際級知名都市。

千年前受隋唐影響，大和民族仿唐都長安棋盤式格局建平安京，城北皇城、宮城，城南外郭城，外郭城分東西：西側長安，東側洛陽。平安京四邊山林環圍，東臨鴨川，西有桂川逶迤南流，如今所見千本路即當時朱雀大道。

搭乘公車瀏覽街市，雲彩天光、明澄水色，是俳句、隨筆，是古典小說，悠悠傳述一曲文雅之歌；偶爾誤闖巷弄撞見垂掛暖簾的古邸，簷下浮沉詩情，著意爛漫。

走到相銜銀閣寺與南禪寺的哲學之道，長二公里，是

• 銀閣寺起點的哲學之道

宜人心情安寧的水湄步道。

這是為紀念哲學家西田幾多郎到此散步而設，一九七二年取名「哲學之道」，畫家橋本關雪的夫人在步道植五百餘株櫻樹，絢麗的關雪櫻以粉紅花海之姿盛開，成為馳名遠近的賞櫻名所。

步道多咖啡館、風格小店，途經谷崎潤一郎手書「空」、「寂」墓塚的長眠地法然院。不遠處是禪寺位階最高，禪院枯山水庭園聞名的南禪寺、永觀堂，再過去的平安神宮，植有谷崎在《細雪》描述四姊妹賞遊如雪溫柔的垂櫻。

某年立春到神宮參拜，彼時陽光燦爛，天空朗朗透湛藍，轉瞬間細雪飄開，隨之斜下，迴雪倏忽翩翩不止。啊，雪花紛飛，雪落神宮，好個漫天漫地雪蕭索的午后！

• 平安神宮

# 快不能呼吸的夏天，方啖一碗冰

日炙時節，漫步宇治地景後，照例到站前不遠處的中村藤吉本店，喫一碗宇治金時。

「宇治金時」是組合地名和人名的冰品稱謂；「宇治」指盛產上等抹茶的宇治，「金時」指平安時代源賴光家臣，四天王之一的坂田金時，也即童話《坂田怪童丸》穿菱形紅肚兜、挑大斧、騎在熊背，征討大江山的酒吞童子。相傳金太郎小時全身通紅像赤豆，後人便以他的名字稱赤豆為金時豆。

逢遇盛暑，中村藤吉本店以販售抹茶紅豆冰吸引來客，營業所經常高朋滿坐。其中，以竹筒裝盛的「生茶ゼリイ」著稱，軟綿的白玉、甜而不膩的紅豆泥、濃郁的抹茶冰淇淋、滑嫩的抹茶凍、綿密的剉冰，回甘抹茶味加紅豆香，喫進口裡，異常甘甜。

• 宇治川畔紫式部雕像

癡心迷戀紅豆的擁戴者，我在中村藤吉本店點了碗折合臺幣近三百元的「生茶ゼリイ」，價格昂貴的剉冰，清涼沁骨，淌進心頭，無可匹敵的甜蜜。

自古認為紅色能消災除邪的民眾，遇喜慶、求職成功、喬遷新居、重要節日，大都會以紅豆飯慶賀。嬰兒出生第七天，稱「七夜」，為祈求孩子免受疾病纏身，家人選在這一天食紅豆飯。紅豆飯日語叫赤飯，原型是小豆粥，最早記載於《枕草子》，作者清少納言提及每年農曆正月十五，宮廷依例舉行紅豆粥盛宴，「十五日は、小豆粥の食事を皇族の方々が供する日である。」

方啖一碗冰，淡淡起涼意，冰如霜，舌尖千迴百轉，幸福滋味不可告人。

• 竹筒裝盛的「生茶ゼリイ」

# 京都

# 宇治

# 宇治金時

# 中村藤吉本店

# 暗香嵐山，一派悠邈

無法海角天涯任我行，最好說走就走去嵐山。搭乘一九一〇年通車的嵐電，玩味嵐山本線四条大宮、蠶之社、太秦廣隆寺、車折神社、鹿王院景致，及嵐山站特景，友禪的服森林。睽違嵐山未幾，天地差些陌生，迎風漫步早櫻遍地的嵐山公園，添得情懷轉逸興。

一、二十歲的青春靈肉是上天恩賜的禮物，五、六十歲的滄桑臉龐是生存價值。一旦徒步走上渡月橋，只能從過去健步如飛的腳程換成慢慢走，不急了。

橫跨桂川的渡月橋，因龜山天皇勃興一句「似滿月過橋般」，名震遠近。喜歡驟雨初歇，渡月橋下桂川催發蘭舟的曉風好景；喜歡楓紅飄瀟嵯峨野。

讀過的俳句，渲染嵐山在平安時期，貴族豪奢放逸，行吟嵯峨野；詩人尋索清幽嵐山、嫵媚嵐山、暗香嵐山，抒情華美的行腳，不露愁字的客旅轉徙，然後下筆寫出一派悠邈景象。

旅人誇示：未去嵐山，枉到京都。「從野野宮前跨上原野道路，景色立即開闊，那就是嵐山。」川端康成在《古都》寫道。嵐山指桂川右岸西京區部分地方；桂川對岸右京區，名嵯峨野。天龍寺旁老松菓子　店販售「嵯峨十景」乾果子、蕨餅甚是出名。

嵐山自平安時代起，便是王公貴人的別院所在，春吟緋櫻半樹花，夏乘遊船賞山水，秋詠香楓漫山紅，風光燦燦，至今仍為京都勝景。

多年後再遊嵐山，把酒酣飲濃醇，才覺悟，若有撩亂心頭事，沉潛勿作聲，只因人世間，難逢同心人。

• 春櫻嵐電

• 春櫻渡月橋

• 櫻花盛開的嵐山

# 京都

# 嵐山

# 桂川

# 渡月橋

# 嵐山公園

# 旅人傍花隨柳過竹林

誰都一樣，會經歷窘困，猶似遇到寸步難行的惶惑處境；如我者，不記昨日事，沉著去其繁複，使煩惱在下意識窒息。如今，藉旅行體驗當前景物，此中微妙，盡情意會，然後，真心實意期待下個華美行程。

紫式部的《源氏物語》、夏目漱石的《虞美人草》、川端康成的《古都》，在在都有關於嵐山景物的描繪；這些文學作品，浮現不少美地好景，促成遊客有增無減。

行經世界文化遺產天龍寺，北門右側可見蔥綠遮天的竹林，竹林小徑直通野宮神社、桂川畔，路不長，青竹高聳天際，風吹閒適，把整條幽深而眇的步道遮蔭成無比清爽，午后日光從竹梢間隙透出稀疏綠光，好似一幅遠近交迭的寫實畫，傍花隨柳過竹林，給人

• 野宮神社

療癒快感。這條竹林小徑被旅人讚譽奇景大觀，甚而成為京都宣傳海報主景。

竹林步道右轉，外表看來不起眼的「野宮神社」，倏忽出現；神社入口，使用櫟樹幹結成日本最古老的木造鳥居，主堂供奉「野宮大神」，這裡曾是《源氏物語》善嫉成性的女主角六条御息所的暫時居所。

平安時代，野宮神社是入選齋宮的女子，拂去俗世塵汙、齋戒沐浴的地方。

竹林深邈，綠意堆煙，野宮神社如毛毯輕柔的青苔庭園，撩起《源氏物語》主角光源氏多少情愛；竹高不見人，他可是散步大堰川渡月橋，等待伊人飛奔而來？

不要懇求別人為你帶來幸福，要做能給別人帶來幸福的人。光源氏會是這種男人？

• 竹林小徑

# 京都

# 嵐山

# 天龍寺

# 野宮神社

# 竹林小徑

# 夏空深邃，海の京都天橋立

• 天橋立起點步道

日本慣常喜歡使用數字排列名勝。江戶學者林春齋於一六四三年著書《日本國事跡考》，提出象徵「雪」的丹後天橋立、「月」陸奥國松島、「花」安藝嚴島為三處奇觀，揭櫫「日本三景」。

與天橋立相識四十年，驚覺人生旅途匆匆，已然走過這麼久遠的路。

三島由紀夫名著《金閣寺》，描述火燒金閣，患有口吃的僧侶溝口，出生近畿百景第一名的舞鶴灣一帶，亦曾潛避旅行到不遠的天橋立。

天橋立呈南北走向，兩端與陸地相連，南端人工河道，上置一水平旋轉機械「小天橋」，便利船隻進出阿蘇海。

因地殼推擠，沙洲形成，長三公里，寬四十至一百公尺，種植八千棵以上，樹齡達五百年的松

• 傘松公園看天橋立

木；松並木道渾然天成自然景觀，綺麗極美，譬喻「上天造的橋」，分隔阿蘇海、宮津灣，沿途有與謝野晶子文學碑。

不上展望臺見不著勝景。相傳「天橋立」是人站在沙洲北端傘松公園，或南端文殊山飛龍觀山頭，背對沙洲站立，低頭自跨下朝後倒看，沙洲有如一條往天上延伸的橋梁，故而得名。還有，可見臨海村莊伊根船屋群的「海的京都」。

我和妻女漫步松林蔭下，碧海連天，下垂雲朵如飛絮翩翩，始覺夏空深邃，竟有安閒自適的快意感動；走進天橋立，海天大景對經常旅行的人來說，未感稀奇。然，四十年後這一天，為何見景激動？問天問地，為什麼丹後半島的天空這麼清澄？為什麼沙洲的青松非得如此蔥郁？

# 別嘲笑他人的夢想

年輕時期到關東旅行，沒去御茶の水、東京大學、神保町古書堂沐浴文氣，不算文青；到近畿未博覽古都名寺不叫哈日族。時代變遷，現代人到日本旅遊，偏愛京都、大阪。長期旅日，出沒大阪最多。大阪城、住吉大社、四天王寺、通天閣、梅田、難波、心齋橋筋，來去自如。如今興致怠倦，只偶爾陪家人到京都錦市場買漬物，看街巷鐵捲門上的古畫。

近年身體薄弱，大抵進出女兒住居的新大阪，方便出外。一緣一會去過一九九〇年在大阪舉辦的國際花與綠博覽會盛典，促使近年格外喜歡乘車到吹田市萬博紀念公園走動。利用一九七〇年世界博覽會場整建的公園，喜歡在自然文化園、日本庭園、太陽之塔，以及隔週舉辦的假日跳蚤市場，閒心取樂，然後前往廣場對面EXPOCITY購物中心尋時尚。

冬日的萬博公園，銀杏、楓樹、梧桐、青竹不時躍動，舉目所見，楓樹露出枯瘦枝頭，遍地彩錦，樹梢尚存被北風留下的幾片黃葉，日照後閃出亮光。銀杏樹直到昨天應該還是一片金色，如今看來枝瘦形銷，好似殘葉敗絮，漫天飛舞整個園子，步道、休閒椅，鋪上兩三片、五六片枯葉，點綴寒冬無邊蕭瑟。

一個下午淨是黃葉飄落，這一刻，習慣獨坐草地，靜默看待人間煙火，回顧給歲月吸走，二十九歲那年的心，養身等候二〇二五年將在大阪此花區人工島夢洲舉行的世界博覽會。無論如何，再老再虛再弱，都要趕赴展覽市集。

• EXPOCITY購物中心

• 週日跳蚤市場

• 萬博紀念公園

# 大阪

# 吹田市

# 萬博紀念公園

#EXPOCITY購物中心

# 箕面楓綠光，清風撩人

旅途偶遇美景的機會，不是每次都能任意發生，美好風景是人心所願，大自然時刻變幻，看風景的眼界也隨之變化；如果春櫻不開花，秋楓不染紅，人的心境不轉變，那麼人和風景兩相邂逅就難以激發生動情愫。

旅行爬山，不奇怪，誰說旅遊非要逛街才是目的？不少臺灣遊客就曾登頂富士山為單一目標，所以到箕面，走海拔一百到六百公尺的箕面山，算是小玩意了。

箕面山又稱箕面公園，森林資源豐富，坡度平緩，步道沿河岸興築，密布楓樹，是大阪最古老的森林公園，以紅葉、瀑布著稱，也是個人旅行日本四十年，登行的第一座山。

從車站漫步到瀑布，單程二公里餘，無須翻山越嶺，途經一の橋、西江寺、橋本亭、音羽山莊、昆蟲館、瀧

• 箕面公園

安寺。山本咖啡館的楓樹林、楓綠光美若畫景，小店販賣紅葉天婦羅、紅葉饅頭、紅葉冰淇淋。

與妻小閒步其間，迎面清風和煦，腳邊掉落的楓葉，塵煙飛旋。胸懷如醉如癡的心情，不急不徐踱步，靈魂好似受到洗滌，整個人陶醉起來。看見了，看到綠光的曼妙姿影。

忽忽想到，未曾謀面的山林，我的步伐夠不夠精練圓熟？心和大自然融合，觀察漫山楓林、綠光、瀑布水氣，恰恰傳達山林深度。我能否將感受到的美，用拙劣文字真切描繪？不，還有比這更重要的，箕面山的紫陽花、清風、流水、楓葉、瀑布、日本猴、巧遇的婚禮，溫馨祥和，恰似俳句美學，是箕面風物詩。

• 箕面山瀑布

# 大阪

# 箕面市

# 楓樹林

# 瀑布

# 紅葉天婦羅

# 我在大阪震災區，看見秩序

大阪跟國際交流歷史悠久，《隋書・東夷傳》記載，飛鳥時代，女皇推古天皇額田部在位，裴世清奉隋煬帝之命，乘船抵難波，進奈良宣諭，這是古中國首次訪日。倭王派遣小德河輩台，設儀仗，鳴鼓角來迎。逗留一個月，完成使命，從難波返回。

甚早接觸外國人的大阪人，個性直爽、對方言自得，說話聲量大、口音重，和傳統日人相差極大，遇到說外來語，總是用「什麼的」帶過。大阪腔語句短，應對音調直平的外來語，句子一長就說不出；要是有人能整句說出，會讓人覺得耍帥。

不在意別人眼光，有話直言，喜歡說「搞什麼呀！」不怕表露真實想法的大阪人，守秩序從不馬虎。一九七〇年，大阪舉行世界博覽會，為因應行走右側的多數外國旅客，政府推廣搭扶梯「靠右站、左通行」，全民遵行。

天災從不選擇人們準備好的時刻降臨。二〇一八年六月十八日，清晨七點五十八分，大阪大震災，震央在梅田，震度六級多，晃盪三十秒；氣象廳指出是逆衝型地震，房子搖晃如解體，倒塌無數，十幾萬戶停電，震區六人亡、四百餘人傷，災情慘重。

當時我住女兒家，巧逢震災，擔驚受怕，悸慄猶存。電車斷電停駛，通勤族往來梅田、新大阪，需橫跨淀川，親睹民眾徒步新淀川大橋，自動列隊相續行進，絕無紊亂、天災罵政府無能的情形。秩序井然的場面博得讚譽，都說大阪人遭遇災難，守紀律的態度沉著自若。

• 依序走路跨橋到對岸的民眾

• 群眾自動列隊行進

# 大阪

# 新大阪

# 淀川

# 新淀川大橋

# 梅田

# 發現海棠花的哀傷美

酷寒，朔風乍起，晨間陽光燦然，氣溫冷颼颼。從茨木「川端康成文學館」回來，我在淀屋橋等候女兒下班。瞬間想起，淀屋橋不就是《春琴抄》的文學地景？站在橋畔，以為能見到佐助手牽眼盲春琴走來；唷，為了愛，為存藏美在心中，寧刺瞎自己雙眼的佐助，果然是作者「惡魔主義」下的犧牲者。一旦想起，心神立即寒到骨子裡。

話說上午，讓妻子聊備書僮陪伴到茨木，沿東西通散步川端通，往文學館，心裡很想寫一篇，誰看了都會對這位文學家肅然起敬的長文。

曾經多次造訪川端在大阪的出生地此花町、鎌倉故居，把眷愛他的文學化成永生記憶。

川端康成文學館，昂然高聳樹叢間，館內展覽生前照片、遺物、書信、手稿、初版著作、小時跟祖父母

• 文學館大廳

生活的住宅模型。

一九六八年榮膺諾貝爾文學獎，喜歡海棠花的川端，一九七〇年六月，應邀來臺參加第三屆亞洲作家會議，參訪太魯閣等名景，確乎光耀。他是戰後臺灣新生代青年喜愛的文學家，作品《雪國》、《古都》、《千羽鶴》膾炙人口，一九七二年在宅含煤氣管自盡，世人譁然。

生死尋常，何須以殘酷終活？苦惱紛亂，鬱悶穿心，當活到六、七十歲，不就該對人生付諸一笑嗎？

特別想念初次到訪文學館那季仲夏，心儀櫥窗展示川端身披前往伊豆旅行的那件斗篷，使閒坐對街步道石椅，看綠樹成蔭，懷想伊豆；我豈能輕易忘掉幽眇其玄的川端文學啊！

• 川端文學作品展

# 大阪

# 茨木

# 川端康成文學館

# 盛開的油菜花，愛煞人

這是安藤忠雄設計，光影風潮的「司馬遼太郎紀念館」。

一九二三年出生大阪浪速區的司馬遼太郎，記者、小說家，一九九六年去世。為承續其對歷史小說「思無邪」的創作精神，把東大阪八戶ノ里占地廣闊的故居，改建紀念館，二〇〇一年開放。

初入光影交疊的玻璃迴廊，彷彿穿越時光通道，大把陽光毫不吝惜投射進來，人和日光匯聚成一幅明亮畫景，這光、那光，翩翩悠悠，旖旎溫柔，宛如《萬葉集》：「少女晾織布，多摩川濱；為何越看，越是愛煞人。」

安藤忠雄援引日照蔭覆泥牆，打造書起處似泰山壓頂的三層樓高書牆，兩萬冊藏書排列齊整，形成特色。斯人已矣，萬冊鉅著仰之彌高，目睹報紙披露，

• 司馬遼太郎紀念館

• 油菜花園

牆面曾映現坂本龍馬詭異的人頭形影，不禁喟嘆宏偉書牆，魅力無比，連龍馬都來拜望。

館內保存司馬生前起居室，影像播映區、文學商品販售區。

回程順道後花園看「花供養碑」，經書齋小徑，到油菜花園，透過玻璃窗探望書房，想見作家勤勉筆耕的身影，竟有風吹愉悅的愜意好感，不由讚嘆到訪臺灣三回，國民大作家的文學手采。

日暈布滿地，冬寒在如海的天空呼嘯，油菜花園人聲阻絕，冷風襲來，我在棚下閒坐，彷彿聽見無上至尊的文學鐘聲，悄悄撞進心裡。禮貌周全的義工繞經花園，特來告知，到紀念館參訪的臺灣遊客甚多。

是嗎？欣喜之餘，深信司馬生前最愛的油菜花，絕不會從眼前消失。

# 大阪

# 八戸ノ里

# 司馬遼太郎紀念館

# 油菜花園

# 走在城之崎的溫泉風景裡

山陰指鳥取和島根二縣、山口北部、兵庫北部、京都北部，而城崎就在兵庫北端城崎町圓山川支流的大溪谷川沿岸，浴場鱗次櫛比，與有馬、湯村，同列兵庫境內三大溫泉，因「鴻の湯」治癒受傷鴻鳥聞名。城崎溫泉歷史悠久，古時稱「但馬の湯」，曾獲選日本十大人氣溫泉街第一名。

一九五〇年鑽探成功，出水量大增，裡の湯、一の湯、地藏湯，滿街溫泉。站前海產街販售名產松葉蟹、但馬牛；北柳通、南柳通多小店，常見穿浴衣、木屐的男女遊客隨興逍遙。

四年前，飛雪寒冬訪城崎，被古老街道的風情、大谿川畔隨風搖曳的垂柳迷惑：四年後再訪，不見皚雪紛飛，陽光明亮，文學散步道見聞無數好景，松尾芭蕉、與謝野晶子、向井去來、島崎藤村、有島武郎、富田碎花的文學碑。街尾城崎溫泉元湯的溫泉寺可搭乘纜車上山，眺望城崎美景。旅行爬山夠辛苦，誰上去？

未能見雪，巧逢「枯山水石庭」的禪意景致，實為一得，庭園青苔鮮綠，枝條交錯，縱橫藍天之上；再進城崎文藝館賞司馬遼太郎字畫、志賀直哉文學碑；一九一二年，志賀療傷入住城崎，直觀生死，並將下榻城崎感受融入小說《在城之崎》。此外，平安時代的藤原兼輔亦曾在《古今和歌集》提及城崎為貴族養生之地。

閒逛溫泉街，心底不由浮現歌川廣重的畫作，那是如詩風景浮世繪，泛起寧謐村落，黃昏天空蓬亂的雲彩，是日本昏黃天色。

• 城崎河道

• 城崎溫泉車站

• 城崎文藝館

# 兵庫縣

# 豐岡市

# 城崎溫泉

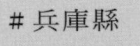

# 浪漫猶在，北野異人館

旅行日本，習慣吃同樣料理，就連早餐一律同款蔬果三明治、冰拿鐵。拘泥一定路途，所以重覆不少地方。隨行相伴有子女，好似枯索到害怕孤單，怕失去青春時代獨自闖蕩陌生國度的豪氣。

未來還要持續執著這種方式旅行嗎？有時會想，可以不用再來，感覺過去的旅程已經很充實，好比結婚要趁年輕，等學會分別急忿怨痛，就不想結了一樣；長時間安於不受拘束的旅遊，雖則難以完美，至少滿足，便蔓生意興闌珊。

妻說好久沒去神戶，好吧，換我充當嚮導走一遭。

神戶位於大阪灣北岸，背依六甲山，兵庫縣轄下的海港城市，氛氳生浩氣，颯沓舞回風，繁忙的貿易量維繫經濟命脈，是日本最早對外通商港埠，後來發展

• 北野異人館風景

成為世界大商港。

現今神戶市中央區，曾是生田神社領地，譬喻「神封戶」，簡稱「神戶」。因此走訪神戶，先去生田神社晃晃，再去久違的北野異人館散步，卻懷舊事。

神戶自明治維新開埠，轄境北野保留不少歐式樓房，稱「異人館」，洋溢異國風情。時過境遷，洋風未減，作賦景觀生別趣；川端康成說：「美是邂逅所得，是親近所得。」便往訪山手八番館、英國館、法蘭西館、奧地利之家、荷蘭館等象徵懷古的陳蹟。

有時最難啟齒的懷念根本不必多講，迷醉雅興好風景，藉諸情境，告訴妻，這裡的改變不多，不致空留回憶，一切重新植入腦海，串起鮮明記憶。異人館跟從前一樣，浪漫猶在。

• 北野異人館廣場

# 兵庫縣

# 神戶市

# 神戶港

# 生田神社

# 北野異人館

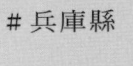

## 別為愛情拚上性命，命是空與寂

自稱「惡魔主義」的谷崎潤一郎，出生東京日本橋，晚年居神戶東灘區。名著《細雪》、《卍》的文學地景，集中大阪與神戶間的蘆屋市豪宅區，月若町、蘆屋川汐見櫻名所、夙川公園、香櫨園、西宮市、三ノ宮、元町。

喜歡與娼婦型女性交往，道地情色受虐狂的谷崎，跟作家佐藤春夫爆發一場騷動情慾、不可思議的「讓妻事件」鬧劇；以及和撰寫〈文藝的，過於文藝的〉芥川龍之介，引發創作意識筆戰爭論，躍登當代矚目新聞。

走訪谷崎文學地景，至終發覺，歷經三次婚姻，遺憾他還在為擾攘的愛而傷懷，如書中描述，難以逃避的情愛、戀或苦痛，直到死亡那刻才肯放手。哎，別

• 谷崎潤一郎故居

為愛情拚上性命，命只有一條。

到訪神戶東灘區住吉東町的「倚松庵」，那是谷崎和松子、松子的妹妹，生活七年的宅邸。代表作《細雪》便是那段時間完成。

一九六五年作家往生，木造瓦葺二層樓的「倚松庵」列歷史建物，一樓備齊著作，供讀者緬懷。漫步屋前溝渠，翦翦輕風拂面涼爽，撩人清幽。木造大門立有文學碑，綠樹攀牆，一幅翩然景致，逸興遄飛。

再來，蘆屋政府整理谷崎生前手稿、書信、書籍，仿造他在京都故居「潺湲亭」庭園，於伊勢町建「谷崎潤一郎紀念館」，文學事蹟展場，玻璃帷幕庭院，寧謐有風。春末到訪，路邊紫陽花綻放高雅韻味，默然中蘊含的頹廢氣息在肌膚滾動，空與寂啊，在醜陋世間尋求唯美。

• 紀念館休憩廊道

# 兵庫縣
# 蘆屋市
# 倚松庵
# 谷崎潤一郎紀念館
# 夙川公園
# 香櫨園

# 旅行不趕路，讓路自己趕

有馬溫泉位於神戶有馬町，鄰近瀨戶內海國立公園。十二世紀初，這裡被賦予關西地區「奧座敷」近郊溫泉街盛名，與愛媛縣道後溫泉、和歌山縣白浜溫泉同列日本三大溫泉。戰國名將豐臣秀吉、思想家福澤諭吉、畫家歌川國貞、竹久夢二、作家谷崎潤一郎、中國國民黨頭子孫文、蔣介石等都曾造訪。

從車站出來，得見有馬町河域般的溫泉川流其間、豐臣秀吉的銅像鎮守太閤橋，未及穿街過巷看景色，便和妻女進入「金の湯」浸泡一池濃稠的金色溫泉，金泉原是無色透明，富含鐵，遇空氣氧化而變紅褐色，十分特別。

歡喜泡湯是過去的我的延續，泡湯時別跟我談時間，旅行的美好時光太匆匆，無能應對其他，我只想在湯池療癒因長期伏案寫作而負傷的肩胛、腰背筋骨疼痛。

隨後走訪名景：花小宿、鼓瀧公園、有馬稻荷神社、溫泉源頭，又一路散步到纜車站，前行六甲山頂；一時，神戶市街盡收眼底，再搭纜車下行抵三ノ宮。女兒說，到神戶就要到都心鬧區品嘗昂貴牛排，一把豆芽一塊肉，此乃神戶和牛。還說，晚間要參與一九九五年起，為悼念、祈福阪神大地震而舉辦，繼京都「嵐山花燈路」、大阪「光之文藝復興」，關西三大燈節

「神戸夢燈す」，列隊瀏覽動人的燈廊光雕。旅行不趕路，讓路自己趕！趕路的行旅見不到真切風景。看，過度疲累的緣故，我在三ノ宮街上嗅聞到和牛肉味，竟弓腰彎下身來。

• 日本第一靈泉金の湯

• 有馬溫泉站前豐臣秀吉雕像

• 有馬溫泉到處溫泉道

# 兵庫縣
# 神戶市
# 六甲山
# 有馬溫泉
# 三ノ宮
# 元町

# 攀登天下第一名城

女兒在觀光案內所租借兩部單車，從站前大手前通直奔姬路城。

騎上潔淨而寬敞的走道，我是群鳥中的一隻，心裡有天空，在高雅不鄙俗的城市自在翱翔。

別以為鳥都能按意志飛行。為什麼飛？飛向何方？誰也弄不清，恐怕連帶頭的也無從知曉。可我清楚要去哪裡，全力踩動腳踏板疾馳，車燈被踏板愛著；慢點！女兒叮嚀，她憂慮安全。

建於一六〇九年的姬路城，與松山城、和歌山城並稱「三大連立式平山城」；未因戰爭、地震而毀損，譽稱「第一名城」，是日本第一個被聯合國教科文組織登錄的世界文化遺產。

姬路城入口「菱之門」，安土桃山時代建築至今僅

• 單車行走姬路市

存最大城門，建造期間，以高超築城技術，與壯觀的連立式天守群被廣泛稱頌，白色城牆不論遠望近看，映現眼簾之美，嘆為登峰造極，加諸蜿蜒屋簷的造型，猶如展翅欲飛的鷺鷥，別稱「白鷺城」。

起初，從廣場遠眺這座城堡，顯得渺小，一旦從大手門護城河攀登天守閣，踏上石階高臺，迴轉步行，好似行走在一隻聳立天際的怪獸身上，把人圍困，身體就這樣陷入迷陣，不覺感到困惑。心想，是巍峨的震撼力所致吧！

想起平時閱讀波特萊爾、西條八十的詩篇，詩情強烈震撼人心；今日，聽見從城邑溝池以為固的堡壘傳來蟲鳴，多麼像一首夏的詠嘆調。眺望歷史久遠的姬路城，自顧自的美在那裡，喂，誰無輝煌過去，只是不想膽怯的被別人評價而已。

• 天下第一名城姬路城

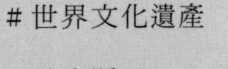

## 飛鳥掠過好古園，水光花影

• 好古園

這是旅途中往事會從心底輕輕泛起的時節。接近秋天的夏日，天空蔚藍無雲，無雨也無風，沉靜的姬路城因占地袤廣無盡，使廣場步道的人煙看起來顯得稀薄，是說，再沒有比這樣的時空更適宜追憶了。

我這隻喜歡逍遙自在旅行的鳥，只感覺時光匆匆逝去。誰都知道時間無垠、永恆，會零落消逝的是自己，便像著魔似的，趕趁旅程，急速振翩翱翔，遊走四方，不想很快從地表消失。天知道，這是對生命凋殘的依存妄想。

忽喇喇的踩踏單車而行，一路從姬路城奔赴好古園。

位於護城河後方的好古園，一九九二年，利用封建時代的領主西御屋敷跡，重新整建的庭園，景物鮮明悅目，包含九款江戶時期庭院設計的閒雅風貌。

• 築有假山石橋的池塘

走進傳統院落迴廊，看園區栽植多樣季節性花卉，迴遊式蔓草小徑，花木扶疏，站上亭閣臺榭，午后柔和陽光照射到築有假山石橋的池塘；這時，漂浮疏落水草的池塘，半隱半現照映一幅水光花影，這幅鮮明耀眼的精緻投影，在微瀾池上盪漾波光粼粼的曼妙水文，像是傳述沉落陂池的這季炎夏，真實而亮麗的明晰美感，使人飽受驚豔。

夏末季節，我在盈滿綠意的好古園見到滿開粉紅花瓣的水蓮，以及《源氏物語》主題花紫色桔梗；桔梗隱翳的神祕花影，猶如男主角光源氏癡迷的戀情，讓人見過後不禁沉醉起來。

這時，飛鳥掠過好古園上空，想俯看池上輕靈水影，頗為困難，因為牠們只顧向前飛翔呀！

# 兵庫縣 # 姬路市 # 好古園

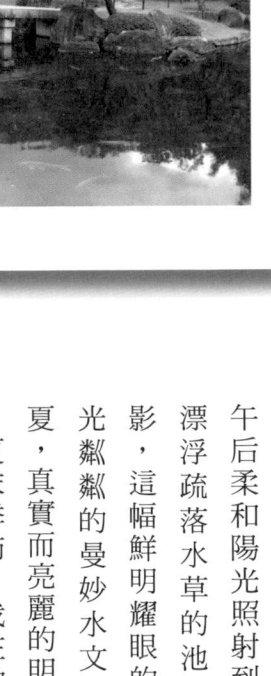

# 姬路文學館，玻璃牆流動水文

戰後出生，喜愛文藝的一、二代青年，遭受戒嚴體制壓抑，鮮少機會接觸臺灣文學，遑論閱讀；僅從歐美、東洋文學取暖，因禍得福，夏目真性情的文學、芥川魅惑的小說、川端唯美的心情、三島華麗的文筆，觸動無數文學愛好者。時隔多年，新舊東洋文學猶然堂皇陳列書店。勤勉閱讀，興起個人以十年時間完成十二冊日本文學地景紀行的寫作，並計畫走訪各地文學館、文學家紀念館。

距離好古園不遠，由安藤忠雄設計的「姬路文學館」，適切展出以《泥の河・螢川・道頓堀川》河川三部曲聞名的小說家宮本輝的著作。

買書習慣不若從前熱絡的日本，參訪文學館的民眾同樣寥落，正合私意。夏末旅行到姬路文學館，未料進入一九九六年南館新啟用的司馬遼太郎特別室，展出文豪手稿、照片、著作，滿足梭巡文學館的興味。

一九九一年，為慶賀姬路市制一百週年而開館的姬路文學館，鄰近好古園，地處住宅社區，館內主收藏兵庫縣文學家作品。

園區分置南北兩館，以水道、斜坡相連。北館西側，建於大正時期，傳統木造建築的「望景亭」，花木茂盛，景致宜人；南館以水域建構成文學展場，融合文學、哲學意味，構造極具現代美學，風來蹄輕，樹下落葉，南北館頭頂都可眺望姬路城。

夏雲漂流文學館上空，輕盈丰姿投射到單車優閒穿越群樹的小路，純粹豐盈了盎然綠意。我坐在文學館前，聽這一季蟬鳴不休。

• 姬路文學館

• 特別室展場

• 姬路文學館由安藤忠雄設計，著重水光影

# 兵庫縣

# 姬路市

# 姬路文學館

# 夢的啟程，淡路夢舞臺

到神戶垂水區舞子公園走馬看花，走進建於大正時代，孫文紀念館的「移情閣」，明石海峽就近眼前；然後從舞子站搭乘巴士，經銜接兵庫與淡路的大橋，前往淡路夢舞臺。

橫跨海峽的明石大橋是當前世界最長懸索橋。古典名著《平家物語》出現明石，書云：「源平之戰，判官義經命令把活捉的平家男女送到播磨國明石浦。」和孩子們在威斯汀飯店下車，這裡是夢舞臺起點，走二樓穿堂，通道綻放一抹絢爛光影，那是安藤忠雄撩人歡喜的創意風格。

通道後，聽聞水音飛響，使人意識眼下即是萬貝池，貝之濱潺潺水流和磅礡氣勢百段苑，讓人望而卻步，好似存在宇宙內，一個無限大的小宇宙，坡地盛

• 孫文紀念館「移情閣」

開各色花卉，投影成耀眼景象。

夢舞臺位於淡路島東北角，一九八〇年，日本政府在大阪灣填土造地，興建關西空港，取用種植康乃馨見稱的淡路島土地，山林川澤被摧殘破壞；十年後，由安藤忠雄規畫復原淡路島任務。一九九五年一月十七日，阪神淡路大地震，震央北淡路，斷層帶不偏不倚切中夢舞臺基地。災後變更設計，廢墟融入人文，藉由光、風、水，讓重建回歸自然，有序的傳遞山與海、人與大自然共存共榮的願景。

二〇〇〇年，夢舞臺的花木林苑、溫室植物館、圓形廣場、百段苑、貝之濱完成；淡路島起死復活，重現勃勃生機。猝然領悟，當感受復原淡路島的成功是微不足道時，便是他真正成功的開始。

• 淡路夢舞臺

\# 兵庫縣

\# 淡路市

\# 舞子公園

\# 明石海峽

\# 明石海峽大橋

\# 淡路夢舞臺

# 若草山麓，公園有鹿

• 興福寺東金堂

孩子是蒼天送給人類的寶貝，因為他讓父母喜極而泣；鹿是天神賜予奈良的禮物，因為祂是神明使者，有鹿呦呦，請勿喧譁，眾神也不行。

奈良是八世紀平城京所在，也是神明故鄉，七九四年，桓武天皇遷都平安京，奈良成為南都，有「東方羅馬」之譽，日人稱「絲綢之路的東方終點」。

旅遊書介紹的奈良，泛指草原遼闊、綠樹林立的奈良公園，含括興福寺、若草山、飛火野、東大寺、春日大社、奈良國立博物館等名景。

公園擁有千隻以上，在草地自由行動的鹿，鹿群被指定為國寶，是奈良象徵；平時、假日湧進難以數計的遊客，前往若草山、飛火野賞景，到東大寺、春日大社參拜。

公園入口猿澤池，建於七四九年，名列奈良八

• 興福寺南円堂

景之一。池子周邊柳蔭步道清涼，柳樹名「采女柳」；綠茵後方五重塔，倒影水面，相隔猿澤池、興福寺，互映成景。

從京阪神前往奈良公園，喜歡到芥川龍之介小說〈龍〉引為背景的猿澤池，探究流傳的「七不思議」：不清澈、不渾濁、不往外流、不見注入水源、不見青蛙、不生藻類、放生魚愈多，水量自動調節，維持同樣高度，不滿溢。

然後散步「南都七大寺」之一興福寺、國寶五重塔、楓樹林立，姿貌優雅的浮見堂，再從風音鳥聲雜沓的林間，走向撩人閒情逸致的春日大社步道。

遠足奈良，公園流溢短暫逗留也能有緣與鹿相逢的喜悅；因神話、寺院、史蹟，稱譽為歷史之旅。

# 奈良縣 # 奈良市 # 奈良公園 # 猿澤池 # 興福寺 # 五重塔

## 送走緋雲，還有一片藤波

相傳奈良時代神鹿島大明神武甕槌命，騎白鹿到平城京，開啟民眾崇拜禮敬，即使官府要員見到鹿，也需下車跪拜，傳承千年，奈良已成神鹿天下。

供奉武甕槌命、經津主命等四大神的春日大社，舊稱春日神社，春日山作為大社神山，禁止伐木，因而遍布以櫧書、米儲類樹木為主的常綠原始森林。如今，與伊勢神宮、石清水八幡宮並列三大神社的春日大社，登錄世界文化遺產。

不論祈願、祈福，愈是在乎就愈怕失去。人生需要本志，一旦拋離本意，心便無處可去，僅能求助神明勇往直前，故以虔敬踏上大社參道。

春日大社建築，並立四個社殿組成，圍繞本殿的朱紅迴廊與綠林相互輝映。參道矗立約兩千座石燈籠，迴廊垂掛約一千盞銅燈籠，古典銅燈籠、漆金燈籠最能吸引目光。

鄰近春日大社的寶物殿，展出奈良、平安、鎌倉、室町時期，三千多件古文物。參道前，占地九千坪的「萬葉植物園」取材詩歌總集《萬葉集》，栽植三百多種《萬葉集》吟詠的花鳥風月，其中「藤之園」遍植長穗藤花，每年五月送走緋櫻，紫藤花盛開，稱「藤波」，藤花為春日大社「社紋」。

離開大社，累了腿，若草山下，樹蔭間一爿茶棧，飲一杯沁涼如水的抹茶吧。

若草山俗稱三笠山，地勢平緩，自然生態保育區，綠草如茵，僅於春秋開放，每年一月第四星期六夜晚，施行燒山儀式，熊熊火焰染紅夜空，蔚為奇觀。客官，涼茶來啦！

• 春日大社

• 迴廊的古典銅燈籠、漆金燈籠

• 奈良公園「萬葉植物園」

# 奈良縣
# 奈良市
# 奈良公園
# 春日大社
# 萬葉植物園
# 若草山

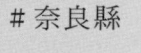

# 到東大寺看佛的大宇宙

四十年前跟父親一起走訪東大寺，天曉得一下子他走了，我變老了；想起參道路肩神鹿陪走邊搶食，沿途遇到許多人，還有鹿，還是鹿，內心的光愈來愈明，不去想懷念的人、傷感的事，而是用那一絲光點亮心情，所以才決定再次到東大寺看佛的大宇宙。

東大寺是華嚴宗總本山，也是世界屈指可數的大寺院。

一九九八年作為奈良文化財一部分，名列世界文化遺產的東大寺，《東大寺要錄》詳載，七三三年，若草山麓創建的金鐘寺是大寺起源。七四三年，聖武天皇頒布佛像造立詔。七四七年，鑄造大佛，因建於平城京之東，寺號「東大寺」。七五二年，天竺僧人菩提僊那主持佛像開眼，大佛終至鑄成，佛殿工程緊接

• 盧舍那大佛

進行，七五八年竣工。

東大寺大佛殿正面寬五十七公尺，深五十公尺，屬世界最大木造建築。殿中放置高十五公尺、重三百八十公噸的盧舍那大佛坐像，壯觀氣派，仰之彌高，寺院尚有南大門、二月堂、三月堂、正倉院，是旅行奈良必訪景點。入口處，鹿群摻入人潮，紛沓參道。

瞻謁大佛，想起歷史，東大寺多次毀於戰爭、火災、地震，現存寺院一七〇九年重建。史載，興建東大寺，耗盡全國大半人力，兩百六十多萬人捐獻、參與工事，已達宏偉的國家大事。

也許正是經過這樣的歷練，東大寺才能將諦念紮根土地；慈悲是人的心中所願，所以呀，東大寺盧舍那大佛如一朵清香蓮安坐堂中，顯得俊美。

• 東大寺

# 揚州薰風飛入唐招提寺

• 唐招提寺

因為是奈良時代領地，所以旅行平城京，大都參訪寺院，這是奈良最大特色。

距離藥師寺幾尺路的唐招提寺，由唐代高僧鑑真上人，倣效大唐寺院興建，日本佛教律宗總本山。話說七五三年冬，雙目失明，六十五歲的鑑真，帶領弟子法進等僧侶共二十多人，與阿倍仲麻呂從揚州進行第六次東渡之旅，船隻在海上遇風暴，阿倍仲麻呂等人隨波漂流南海，鑑真一行人歷經艱辛安抵九州，進奈良，隨後為日本佛教、建築、雕刻、文學、醫學做出貢獻。

唐招提寺始建七五九年，七七〇年竣工，山門橫額「唐招提寺」是孝謙女皇仿王羲之、王獻之字體手書。寺院松木蒼翠、殿宇重重，有天平時代的

• 唐招提寺山門

講堂、戒壇，奈良時代後期的金堂，鎌倉時代的鼓樓、禮堂，以及天平時代的佛像、法器和經卷。

金堂最精美，是日本最具規模的天平建築，供奉漆金主佛盧舍那佛像、千手觀音佛立像、藥師如來佛立像。金堂後方的講堂，有彌勒如來佛像，兩側各有一座貌似古轎的亭子，是當年鑑真授經處，最盛時期僧徒三千多人。藏經閣收藏有鑑真自大唐攜帶的經軸。一九九八年，列為世界文化遺產。

我在五条町幽靜鄉野尋找唐招提寺，得見畫家東山魁夷耗時近十年，為供奉鑑真坐像的御影堂牆壁、屏風、紙拉門繪製障壁畫，《山雲》、《濤聲》、《黃山曉雲》、《揚州薰風》、《桂林月霄》，屬於畫家獨特的淡雅風格，深遠的撼動人心。

# 奈良縣

# 奈良市

# 唐招提寺

# 鑑真

# 東山魁夷

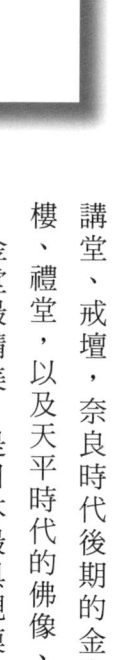

# 東方羅馬城，平城宮跡

• 平城宮跡

「日本」的日語有多種讀法，一般讀作にっぽんNipponか にほんNihon，時至今日，政府並無特別規定標準讀音，因此兩種讀法並存。日本國名是「朝陽升起的地方」之喻，《萬葉集》、《源氏物語》都曾出現；後來受漢文化影響，訓讀改音讀。因國土居中國東方，又稱東瀛、東洋，古籍也以扶桑、倭國代稱。六七〇年，弘文天皇遣使入唐，使者言：「因近日出，以為名。」《續日本紀》記述，七〇二年，文武天皇定名「日本」。

七一〇年，元明天皇從藤原京遷都平城京，由遣唐使仿長安城，按其四分之一比例規畫，再由天皇頒詔，調集全國能工巧匠建造。構圖長方形，東西六公里、南北五公里，東西南北每隔四百公尺有大路相

• 大極殿

通，縱橫的大路將都城區分多塊，形成棋盤街道。

平城京是宮殿、官宦辦公所，七九四年，桓武天皇遷都平安京，平城京自此蕭條、荒涼。

一九五九年，日本政府針對臨近奈良市西大寺北口車站的「平城宮跡」展開發掘，探明建物規模、方位，出土不少木簡、土器用具。當前的平城宮跡以史跡公園受到維護，隨著朱雀門、大極殿、東院庭院逐漸復原，人稱「東方羅馬城」，壯麗的平城宮原貌，逐漸顯現完整模樣。

文化可以匡救，是可以找回來的。早午兩次巡遊朱雀門拍照，在大極殿面前用眼界丈量高度，走到腿瘦，看到眼疲，一望無垠的平城宮跡，何止壯觀，日本敬重古文物的沛然之氣使人折服。

# 彼岸花，天上之花

飛鳥是五、六世紀大和民族聚落，土地肥沃，八世紀初被當作國都；考古學者在明日香村發掘大量屬於古墳、飛鳥、奈良時代的古墳、文物等遺蹟；明日香村因日文發音與飛鳥同為Asuka，所以稱飛鳥時代。

傳說地位舉足輕重的虛構皇族聖德太子，五七二年出生明日香村，推古天皇在位期間的政治改革推行者，受命念誦《勝鬘經》三日，不久，蓮花飄落庭院一公尺高，聖德頭頂發出日月星三道光芒，推古天皇驚嚇，命聖德把離宮改建為菩提寺，又稱「橘寺」，是聖德生前建立的七座佛寺之一。

明日香村是中央集權律令國所在，日本國起源地，稱「日本の心の故鄉」。改編萬城目學小說《鹿男》的日劇，於此拍攝：高松塚古墳、高松塚壁畫館、飛鳥寺、石舞臺古墳、橘寺、岡寺、飛鳥座神社、欽明天皇陵、萬葉文化館、飛鳥光の迴廊。

飛鳥古跡之旅，看石舞臺古墳疊石、萬葉文化館古物，沿途鄉野風光，欣悅自得。石舞臺位於飛鳥歷史公園，日本最大方形古墳，三十塊巨石以規律工學技術堆砌，岩石顯露地表，構成奇觀，「石舞臺古墳遺蹟」因而得名。

搭車到橿原神宮站轉進飛鳥站，再搭巴士前往明日香村尋索史蹟，這是我喜歡的奈良旅行，文化、歷史、民俗、祭儀被寫進鄉僻寺院；還有，稻淵一帶的棚田可見大片彼岸花，彼岸花又稱「曼珠沙華」，佛語白柔花朵，亦稱「天上之花」，足以讚嘆飛鳥史跡生動非凡呀！

• 明日香村石舞臺

• 飛鳥車站

• 橿原神宮前車站

#奈良縣

#高市郡明日香村

#橘寺

#橿原神宮

#石舞臺古墳

#長谷寺

# 一目千本の花見宴

如果櫻花常開，壽命亦如是，二者的巧合不會引起任何感動。盛開的櫻花必凋謝落土，才能顯現生命光輝。人們會在感受美好櫻花的心靈深處，下意識珍惜生命，然後在茫茫世間的短暫生存，領會有緣相遇的喜悅。

這是到吉野山瘋睹吉野櫻，留下對櫻的深切印記。

位於吉野熊野國立公園的吉野山，分下千本、中千本、上千本、奧千本。一九二四年，指定為國家名勝史跡。

吉野山盛產吉野葛，葛粉是從藤本植物葛根提煉的純天然食品，具清熱解毒、補腎健脾、益胃安神的功效，素有「亞洲人蔘」美譽；站前賣店售有吉野葛製成的和菓子。

戰國大將豐臣秀吉曾在吉野山舉行「花見宴」；平

• 吉野山車站

安王朝末年，源義經功高震主，被迫逃難吉野山，跟愛妾靜御前在吉水神社分離，成為永訣的淒美史事。神社完好保存「義經潛居の屋」、「弁慶思案の屋」。

和歌集《百人一首》、《古今和歌集》收錄有關吟詠吉野山櫻花勝景的作品，谷崎潤一郎的《吉野葛》也以此為小說藍本。

吉野山是修驗道修行地，修驗道是佛教派別之名，山嶽信仰的形態，八世紀，開山鼻祖修行者「役」，在這裡創設金峰山寺藏王堂，成為信仰中心，並以櫻花樹為吉野山神木，信眾自此不斷奉獻櫻樹，形成「一目千本」名勝。

吉野山種植三萬多株白山櫻，橫無際涯，氣象萬千；吉水神社譽為賞花勝地，愛花的男人，與櫻怦怦相遇的深情厚誼，豈能消逝。

• 一目千本櫻

# 奈良縣

# 吉野熊野國立公園

# 吉水神社

# 一目千本

# 神之國，三重皇大神宮

• 伊勢神宮

無端煩惱未來，就無法享受現在。旅行態度一樣，既然知曉明天要往三重皇大神宮「伊勢神宮」一日遊，今日最好早早休息，儲備元氣。

如孩童般雀躍的報名伊勢市「一日進香團」，與妻小四人同行，搭旅車、吃好餐、賞美景，心動神馳難抑，第三回前往《源氏物語》地景拜見大神，面晤滿園子盎然綠意的老樹，商店街買赤福。這裡曾是平安王朝宮女進宮任職的齋戒所在，稱「齋宮」，也是民眾一生至少前往朝拜一次的聖地。

伊勢神宮坐落伊勢宇治五十鈴川畔，皇大神宮的「內宮」、伊勢山田原的「外宮」，以及別宮、攝社、末社等一百二十五座神社的總稱。

內宮祭祀大和民族總氏神天照大御神，皇室靈位

• 伊勢神宮內宮一景

的正殿、神樂殿。占地廣大，種植杉樹、米櫧、楊桐、扁柏等神聖林。

外宮供奉守護產業的豐受大御神，規模、樣式跟內宮大致相同，只有以長木和鰹木交叉建造的屋脊裝飾，些微差異。

神宮保存皇權三神器之一的八咫鏡，《日本書紀》詳載，天照大神在天孫降臨之際，下詔：「視此寶鏡，當猶視吾。可與同床共殿，以為齋鏡。」戰記小說《平家物語》述說同為三神器之一的天叢雲劍，於源平「壇の浦之戰」，伴隨平時子懷抱安德天皇沉入波濤下的帝都。

參拜神宮，經內宮大門，被認定分野俗界和聖界的宇治橋，過橋靠右行，神殿勾玉池的菖蒲是景點，見景生情，心神不禁流溢野竹上青霄的適意。

## 海岸日頭炎，放閃夫婦岩

「一日進香團」專車駛離伊勢神宮，前行鳥羽灣二見町的伊勢海洋樂園，說是看企鵝、海豹，再穿過漁市場到二見興玉神社探望情牽千萬年的夫婦岩，看兩顆石頭曬恩愛，沿途陽光不離不棄，曝曬旅人神志昏眩、汗如雨下。

當然，透亮的鳥羽灣，甚至看得見身穿「磯著」全白潛水服，被稱作「海女」的婦人團隊，進行徒手採集珠母貝的傳統作業。

伊勢市碧海藍天、遼闊無邊的海岸，蒸騰出一股熱氣，其中一段取了個奇特地名「二見浦」。二見浦沿岸礁岩區，有一處海上名勝，叫「夫婦岩」；傳說，昔時信眾若要往伊勢神宮參拜，必先到二見興玉神社潔身靜心，祈願平安，而夫婦岩就杵在神社入口邊。

• 夫婦岩鳥居

第一次到二見浦，是跟隨父親和日本友人前去探詢海女採珠；第二次，女兒帶路，只為寫作取材；第三次，想是回味而已，連帶妻小四人遭受烈日燒烤。

礁石嶙峋夫婦岩，終年浮現海面；篤信堅貞愛情的信眾，在雙岩間迴繞粗麻繩牽繫，意圖見證相依相伴的夫婦，無盡苦澀的愛意。步行到神社鳥居，伏祈戀情燦爛的遊客，為了拿岩石當背景拍照，擠爆小小鳥居，一旁表徵愛情珍奇的二見興玉神社，抽籤卜運的年輕男女，同樣列隊而成纏綿情景。

哎呀，情侶若要分手，總以為下一個會遇到更好的，結果一樣，不過學會忍耐而已。

海岸日頭炎，潮水洶湧飛，抬頭空無一物，一道白光放閃藍天，好似讚頌幸福久久長長。

• 夫婦岩

# 三重縣
# 伊勢市
# 伊勢海洋樂園
# 二見興玉神社
# 夫婦岩

## 盛夏鳥羽，海女採珠

鳥羽市位於志摩半島，西與伊勢市相鄰，南與志摩市銜接，以牡蠣養殖業、海女採珠聞名。鳥羽港正前方的鳥羽城，是一座僅剩遺址的古城，幕府時代的鳥羽藩設在那裡。

過去譬喻「水軍之城」的鳥羽城，因城郭大手門突出、偏向海面，而有「鳥羽の浮城」之稱，臨海城牆一面呈黑色，近山一面塗成白色，又稱「二色城」或「錦城」。

鳥羽港是進出今稱神島的歌島、菅島、答志島轉運港。以戰後歌島漁村生活為題材，三島由紀夫的名著《潮騷》，寫到男主角新治的弟弟阿宏參加學校春季旅行，搭船往鳥羽，「神風號泊在真珠島旁的鳥羽港深水碼頭，讓學生下了船，又恢復它原先那種優閒的帶鄉土氣的丰采，開始做返航歌島的準備。」

書中所提真珠島，是一八九三年養殖珍珠成功的實業家御木本幸吉創建的相島，後來改名真珠島，現為觀光區。日本引以為豪的珍珠養殖業，集中鳥羽灣；真珠，臺灣稱「珍珠」，日本稱「真珠」，都是價格昂貴的珍寶。

三島選擇歌島做為小說背景地，只因鄉土樸實、人味清純嗎？或許吧！漁村艱苦生活，構成貧困漁民青年新治和財勢雄厚的船主獨生女初江，歷經艱辛相戀的情愛，好比真珠珍貴，確能撩撥讀者心弦。

盛夏到鳥羽灣回想《潮騷》文學地景，深怕會遭毒辣陽光無情荼毒，果然如此，何若走進蔚藍天空下的真珠島，納涼風看海天，或觀賞海女潛水採集珠母貝，搧清爽。

• 御木本幸吉雕像

• 鳥羽港

# 三重縣
# 鳥羽市
# 鳥羽港
# 神島
# 三島由紀夫

# 面對芭蕉，叫我浪跡遊子

細讀鄭清茂教授譯作《芭蕉俳文》、《芭蕉百句》，決定到伊賀上野，求索以寫作《奧之細道》聞名，江戶俳諧師松尾芭蕉的故居，探看被稱「忍者的故鄉」一生成怎樣。

車抵伊賀上野，便從芭蕉舊居巡訪起，低身彎腰自矮窄小門購券入室，未晤俳人，但見陳年擺設，舊桌舊椅破臥鋪、舊瓶舊甕老水井，想起俳句〈古池〉：「古池塘，青蛙躍入水中，一聲響。」這即是安於簡樸生活的芭蕉，清寂的住居。

出生上野市的芭蕉，低層武士的兒子，幼名金作，十三歲喪父，進藤堂家服侍嗣子良忠，並學習忍術、俳諧，日後成為首席俳句詩人，弟子敬稱「芭蕉翁」。

一說，由於步伐快速，經常外出旅行，使他得有機會觀察列國，獲取德川幕府情報，學者判斷他極可能

• 松尾芭蕉雕像

是忍者。再說，芭蕉出生地伊賀國上野是忍者故鄉，年少當過上忍藤堂良忠的隨從，無疑是德川幕府間諜。奇哉！

幾分真幾分假，誰知道？走進紀念芭蕉誕生三百周年而建的「俳聖殿」，見識詩情；聖殿屋頂用檜皮葺造成斗笠樣、八角屋檐是袈裟，扁額是臉、下層是袈裟、大堂是腳、迴廊柱子是枴杖，完全仿芭蕉走路樣子設計。

然後，散步到石牆城堡，黑澤明《蜘蛛巢城》拍攝地的伊賀上野城，再入伊賀流忍術發祥地「伊賀流忍者博物館」參觀忍者宅邸，體驗忍術技藝，看得人張口結舌。

搭乘忍者電車到伊賀上野，可見街道到處小忍者，是忍者迷必訪勝地。

• 松尾芭蕉舊居

# 三重縣

# 伊賀上野

# 松尾芭蕉舊居

# 俳聖殿

# 伊賀流忍者博物館

# 海岸奇景，白浜千疊敷

• 三段壁

日本漢字字典登錄近五萬個漢字，戰後常用者大約兩千餘個，時至今日，有些中學生都還不會寫，只能以假名代替。常見的日本漢字，有些或憑臆斷其意，丼、峠、駅、仮、沢、糸、売、仏、雫、畑，約莫能辨字釋義；然，更多有看沒懂的字，咲、辻、込、叶、笹、喰、鴫、匂，幾乎摸不著頭緒，遑論略懂一二。旅行中最常遇到被稱廁所的便所，用法不少，厠、御不浄、閑所、雪隠、手水、手洗，未學日本漢字，如何辨識？「手洗」不會是「洗手」吧！

就像乘車去到暱稱「櫻花武士」的西行法師到訪過的紀伊半島白浜，觀賞奇岩異景，面對「千疊敷」，只能瞎猜、瞎矇這名稱的可能意思。

臨海的白浜水風景，如詩似畫，千疊敷、三段壁

• 千疊敷

兩處絕景，海岸壯麗，膽懾駭人，看過無不令人心驚膽落、嘆為觀止，直呼不可思議。

千疊敷的「疊」日文唸成「榻榻米」，「敷」是「鋪」。千疊敷，指千張榻榻米鋪在地上的大小面積。千疊敷的岩盤約占四公頃，是由新第三紀層砂岩堆疊形成，由於是經砂子凝固而成的岩石，質地軟，長年累月承受海浪侵蝕，最終造成複雜而獨特的奇石景觀。

三段壁，高五、六十公尺、南北綿延兩公里的峭壁、驚濤巨浪，斷崖上設有展望臺，上下天光，一碧萬頃，可見三段壁海蝕的洞窟，玄妙至極。

戒慎恐懼其上，戰兢走入其間，從千疊敷到三段壁，動容的海岸奇景，波瀾壯闊，震懾旅人！

# 和歌山縣
# 南紀半島
# 白浜
# 三段壁
# 千疊敷

# 此時沉醉，円月島的金黃晚霞

• 白浜円月島

仲夏，在雪白沙灘和湛藍海面擁抱鮮明對比的白良浜海水浴場看海，針葉松樹如陽傘排列，彰顯誘惑人心的風情；往來沙地淨是伴侶，男女、男男、女女，飄盪普通又充實的青春。原來，美麗海灘只留予浪漫，不留情面給老人。誒，與戀情何干？

懷抱如癡似狂的心情從白良浜漫步走到臨近円月島的堤岸，靈魂像是受到撼動，不覺興奮起來，健步越過灌木叢，奔向堤防燈塔。

以日落海蝕洞聞名的円月島，名列日本夕照美景百選之一；旅人不耐久等，即便衝著黃昏，日頭緩緩沉落太平洋之際，天光正蔓延大片金黃，伴隨無邊紅霞，利落而大方的伸展如斯佳景而來。

為了更清楚見到使人心神俱醉的蝕島餘暉，深怕晚霞一溜風消失，就像美妙時光一剎那不見那樣，

• 夕陽餘暉円月島

急匆匆加速腳程，無視妻小跟隨在後，大聲呼喊：別跑啦，小心落水。等等，我是夸父要追落日呀！

看到了呀，看見夕陽餘暉烘托整座円月島，金光四射的華麗姿色那堪沉醉！

美景當前，一旦發覺景色閃耀光輝，心神會變得無比純粹；打心底感受風景溢出的生命力，偶遇秀麗，好比眷戀，我會神態離析的低迴不捨離去。

那就不停拍照吧，止不住要把迷醉人的円月島，各種角度的綺麗形影，全部攝入心中。不想遮蔽夢幻色彩，那確實是燦燦好景，小野小町說：「早知原是夢，不作醒來人。」遽然領悟，只有捨棄繁亂心思，擁抱如夢的瞬間美好，才能看見真實。

# 搭乘小玉電車到貴志駅找貓站長

曾在北海道帶廣險些遭廢棄的幸福車站，淒冷的軌道凝望天色，吸吮舊站重整的新鮮氣息。

人生某些狀態的確需要持有充分藉口，就像幸福車站透過再造新生命為由，經空間改造，找到嶄新的觀光出口那樣，和歌山貴志車站同樣遭遇這種現象。

和歌山電鐵貴志川線最終站貴志駅，曾有站員駐守，乘客銳減後，改無站員車站。不久，為了再造鐵道觀光，站體改建貓造型，售票亭裝修成玻璃辦公室，二〇〇七年，委任站內唯一「小山商店」飼養的八歲三色貓「小玉」（TAMA）職掌站長，店家每日九時喚醒小玉上班，四時下班；消息既出，引發熱烈話題，不僅帶來貓奴人潮，以小玉為名的周邊商品跟著熱銷。竭盡全力而誠實的生活是尊貴的。二〇一五年六月二十二日，盡職的小玉去世，鐵道公司依神道儀式為她舉行葬禮，並冊封為貴志　「永久的名譽站長」，甚至在月臺設置小神社，名「大明神」；估計當天超過三千位粉絲前往致哀。目前站長已世襲到二代玉。

走一趟頹圮的和歌山城，轉車到貴志站。擁有小玉、草莓、玩具、梅星四款列車可乘的電車，幸運搭上貓電車，窗外一路鄉野風光，車廂混搭色彩鮮明的幻夢貓圖騰，讓遊客玩賞。

別出心裁的鐵道行旅，搭乘小玉、玩具電車往返，玩味舊車體新設計的樂趣。我在貴志站、伊太祈曾站見到廊椽下曬太陽的老貓。

這個下午，獨坐站前椅子，面對三色貓顧影自憐。

• 貴志車站

• 小玉電車

• 小玉站長

# 和歌山縣
# 紀之川市
# 貴志車站
# 伊太祈曾車站
# 小玉站長

鳥取市鳥取砂丘駱駝隊

# 〔中國地區〕

# 如雪崩滑落的砂簾

終日矻矻執手滑鼠，勞筋苦骨，始知寫作要人命，只好假流浪之名去鳥取砂丘旅行。

從新大阪到城崎溫泉，輾轉幾趟電車，換乘幾站僻鄉孤駅，鳥取確然遠在日本海彼端。

砂丘源自中國地方千代川急流而來的花崗岩質泥沙，和日本海冬季海浪共同作用形成，長一點六公里，寬二點四公里，最大落差九十公尺。

砂丘有深四十公尺的凹地，高五十公尺的丘陵，被強風吹出風紋圖案，有如雪崩滑落的砂簾，大海與砂丘融合一體，一望無際的無常變化，壯美、廣闊。

爬上爬下，風吹沙塵紛紜飛揚，不免想起安部公房的《砂丘之女》。

小說敘述一名中學教師在一處海邊砂丘採集昆蟲，

• 鳥取砂丘

天色暗深，他被村民引到住在砂丘底一名寡婦家中，男子發覺有異，意圖脫逃，屢次失敗，直到某天，在毫無阻礙下，爬出砂丘深處，然而男子卻不想離開了。

作者說：「就像一隻鳥，你有自由想要飛翔，你有自由築巢而不被打擾。……如果不舔砂子，怎能知道你想要什麼。」

安部在一次前往弘前大學演講途中，翻閱一本周刊，無意見到一張山形縣酒田市一處遭飛砂損壞的海邊寫真。「突然，腦海一堆話冒出芽來，成熟的立刻占據我的意識。」

卑陋的靈魂如何辨識天的旨意？看見寫真冒出靈感，只能說，大自然無處不風光。走下砂丘見得單調荒漠，想到人的一生終究演繹簡單生活，即使浪跡天涯，奇蹟或精采也不會經常發生在同個人身上。

• 鳥取砂丘

# 鳥取縣

# 鳥取市

# 鳥取砂丘

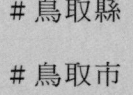

# 真相永遠只有一個

• 柯南車站

這是以漫畫家青山剛昌系列著作《名偵探柯南》設置的地景。作者出生鳥取縣北榮町，町內造建不少與柯南相關的景觀，柯南車站、柯南館、柯南大橋、米花商店街等。

從大阪乘坐JR周遊券到鳥取倉吉市，轉電車可達由良站；或從岡山到鳥取米子市，轉電車抵由良站。從倉吉、鳥取或米子轉車到由良站，有機會搭乘柯南彩繪列車。對一般遊客而言，由良稍嫌偏遠，卻是柯南迷朝聖地。

青山就學日本大學藝術學院，加入漫研社「熱血漫畫根性會」，承阿部豐鼓勵，投稿《約定》受小學館青睞，入選為新人，後以《城市風雲兒》出名。推理漫畫《名偵探柯南》是巔峰之作，描繪被黑社會下藥

• 柯南大橋

使身形縮小的工藤新一，屢破重大案件，並試圖取締黑組織的經歷。

既是漫畫家出生地，由良站改稱柯南站，町內打造一座青山剛昌故鄉館，又名柯南博物館。從柯南站步行故鄉館，沿途裝置漫畫人物公仔，小蘭、工藤新一、毛利小五郎、步美、灰元、元太、光彥等。綠色欄杆的柯南大橋，配置人物雕塑，隨意走一趟，見到不一樣的柯南身影，充滿尋寶的樂趣。

青山剛昌故鄉館設有斜倚柱子等待小蘭的工藤新一的經典畫面。入口設計如戲館，裝潢簡單，看似平凡的房子，充滿諸多驚喜，青山剛昌工作室、親手原作、柯南繪像等柯南元素。

站在阿笠博士黃色骨董車前，聯想起運用漫畫作品發展地景、促進觀光，無可匹敵的巧思。

# 鬼太郎和日本妖怪們

好個奇妙的地方，走出境港站，街道如展場，展示出身境港的漫畫家水木茂著名「鬼太郎」的雕塑。位於商店街的水木茂紀念館，稱「墓場大門」的入口處，布置有鬼太郎等角色。二樓「水木漫畫世界」介紹成名作品、陳列親筆壁畫「水木畫廊」，以及登場漫畫的「妖怪洞穴」、妖怪住所模型，還有水木妻子的作品，曾在NHK晨間連續劇播出的《墓場的妻子》，讀者熟悉的餐桌。

趣味的是，境港觀光案內所、水木茂紀念館都設有妖怪信箱，使用信箱寄出的信件會被蓋上妖怪戳章。出生大阪市住吉區的水木茂，成長在鳥取境港市入船町，四歲前不會說話，第一句開口說的話竟是「貓糞」。

水木茂從少年時代開始對妖怪產生興趣，緣起幼年住家附近一名被稱「鬼婆婆」，本名「景山房」的老奶奶影響。鬼婆婆年輕時受雇 水木茂家幫傭，她常對水木茂講述鄉野妖怪傳說、死後的地獄世界，使水木茂對「死」產生好奇，因此曾做出把弟弟的頭壓入水中，試圖看人死時會出現什麼反應的荒唐事，縱然後來被過路人阻止，往後仍舊熱中探究鬼怪和死亡。水木茂雖是相親結婚，但婚後的艱困生活讓夫妻凝聚深厚感情，漫畫界傳為美談。兩人的愛情被

出生　島根大塚的妻子武良布枝寫入自傳，並改編成同名電視劇《鬼太郎之妻》。

「前年、昨年、今年，前日、昨日、今日，戀著君的我呀！」她一定喜歡《伊勢物語》裡的這句話。

• 漫畫家水木茂著名的「鬼太郎」

• 鬼太郎站前鬼玩意

• 妖怪商店

# 鳥取縣

# 境港市

# 水木茂紀念館

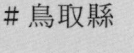

# 三大名園後樂園

「人應當謙虛看待自然和風景。為此固然有必要出門旅行，跟大自然直接接觸，或深入異鄉，領略當地人的生活情趣。然而，就在我們住的周圍，哪怕是庭院的一木一葉，只要用心觀察，有時也能深刻領略到生命的含意。」我在東山魁夷的〈一片樹葉〉讀到這段文字，趁便前往岡山旅遊當下，從車站慢慢散步到滿園子古典韻味的「後樂園」，領受慈眼堂、御野島、中之島、唯心山、茂松庵、榮唱橋、延養亭、鶴鳴館等庭園美景。

後樂園位於岡山市北區，與旭川相隔岡山城，建於一七〇〇年，是岡山藩主任命建造，和金澤市兼六園、水戶市偕樂園並列日本三大名園。

玩賞後樂園一併遊岡山城，岡山城在江戶時代是岡山藩廳，因天守外牆為黑色，別稱烏城或金烏城。

• 岡山城

遊後樂園過旭川到岡山城，或從岡山城過旭川進後樂園，旭川映照美景，熠熠生輝，無不清新文雅。

後樂園作為當代統治岡山的池田家修養身心之所，米其林園林旅行指南評為三星園林，是岡山人引為寄傲的庭園。花圃、樹木、池塘、步道，至今維護得宜，遊客依稀見到江戶時代勝景。走到歷代城主作為起居室的延養亭眺望，美景盡收眼底；遊客樂於在滿園繡帶飄飄，花枝招展裡閒情漫步，欣賞蒔花養蘭者，辛勞栽植四季迥然不同的各色花卉。

日本秋天的色彩豐富，是生在日本的人，令人仰慕的幸福景致。旅行園林美地，就該詠諧談笑，興致風雅吧！

• 後樂園山水庭園

# 岡山市
# 岡山城
# 旭川
# 後樂園

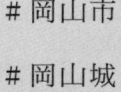

# 青春，是上天給人生最美麗的一場騙局

化妝品廣告詞說：「鎖住青春」。青春如何鎖住？只要活著，童年、少年、青春期，不論多麼美好，必然消逝盡淨，直到中、老年，見了年輕笑顏、肉體，才恍然青春也有衰頹的一天，遂成年老後刻意裝失憶的壓抑之慨。既然青春不給回頭，就從容的慢慢老去也不壞。

世人都說以年輕的心過活，全是騙人，一如櫻花盛開片時的短暫燦爛，用馬拉松步伐追也追不回；青春，無疑是上天給人生最美麗的一場騙局。

到後樂園旁的竹久夢二美術館，欣賞繪畫青春仕女圖和貓著名的竹久夢二畫作，還花不少錢買了些複製品；花銀兩買青春，值得的癡傻。

一八八四年出生岡山瀨戶內市的竹久夢二，大正時代詩人、畫家，擅長繪畫仕女，曾以妻子他萬

• 竹久夢二美術館

• 竹久夢二詩碑

喜、情人彥乃和葉任模特兒作畫，筆下女子被譽稱「夢二式美人」。詩作《宵待草》由多忠亮譜曲，風靡一時。

一九三三年十月二十六日，夢二到訪臺灣，在臺北警察會館舉辦「竹久夢二畫伯滯歐作品展覽會」。十一月返日，翌年九月一日病逝長野縣。

癡迷式眷愛夢二畫作，看他把仕女畫出萬丈光芒，看他畫裡的年輕光耀裝得下宇宙，我只能私心訕笑不再青春作賦的自己，有夠愚蠢。

點睛畫人，繪成一幅風景，夢筆深藏五色毫，好似讚揚青春不凋的詩歌。

上蒼賜給生命芳華，時間到了，自然來、自然去；青春夢想雖為連體伴侶，若果必須離去、消失，不必也不需留別任何遺憾。

# 對不起，消逝的青春

每回到岡山，路經站前廣場，都會向披掛斗篷、頭戴學生帽，象徵青春的少男銅像致意；感謝人生中有過同樣浪漫，充滿勇氣的青春。

過了青春無少年，好光景不會常出現，以後想起，大概會因生命曾經耀眼或貧乏而悲泣！不必在意已成追憶的過往，就像內衣可以包裝、修飾身體，卻無法轉換形體蛻變的事實。

「月是去年月，春猶昔日春。我身雖似舊，不是去年身。」這一回，加碼跟廣場的桃太郎銅像致意，搭桃太郎電車，聽桃太郎廣播樂音，到神社跟「平賊安民」的桃太郎照面。

桃太郎的故鄉岡山，素有「天晴之國」別稱，站內桃太郎線列車行駛吉備津彥命站、備前一宮站，同是祭祀桃太郎原型「吉備津彥命」的神社。吉備津神社境內有求子、安產的子安神社。備前一宮又稱「朝日之宮」，H型的吉備津造、長四百公尺迴廊、桃太郎神話故事走馬燈籤卜亭，最具特色。

都稱吉備津神社，都祭祀桃太郎，遊客易錯亂，觀光導覽說明，大化革新時，吉備國分備前、備中、備後，吉備津彥神社跟著分社，吉備津神社為備中一宮，吉備津彥神社為備前一宮，廣島福山的吉備津神社為備後一宮。

貴樣！是有多喜歡桃太郎？搭車前往兩座吉備津彥神社，也去過清水宗治和豐臣秀吉水戰的備中高松城蹟；神社看詩碑，卜籤抽到第一番，籤詩交代別墮落酒池肉林，否則大吉變大凶。還說：別大意，願望能實現。感謝大神。

• 備前一宮

• 桃太郎線列車

• 備前一宮迴廊

# 岡山市
# 高松城蹟
# 備前一宮
# 吉備津彥神社
# 桃太郎線列車

# 櫻花來看我活得好不好

初春，從岡山乘車到倉敷，窗外一片青翠，對窗看景，周圍悄無雜音，雖身處電車滾動轟隆，亦覺幽靜，偶見綠葉飄過玻璃窗，車外墜落幾片昨年殘留的枯葉，靜靜躺入地面，在春陽下閃光。

撩人心動的春天，想到櫻，想起女歌姬松任谷由實演唱的〈春よ、来い〉，「春天啊，遠方的春天啊，閉上眼睛，你就在那裡，給我愛戀的你，令人懷念的聲音，我的心已託付給你，直到如今仍在等待你的回音。哪怕流逝多少歲月，我會一直的，一直的等待，花香啊，花香啊，越過明天，總有一天絕對能傳達到。」

眼下春臨大地的旅途，想起這首傷懷的歌，動聽旋律不免吟詠起小林一茶的俳句：「櫻花樹蔭下，縱使

• 春天啊，遠方的春天啊

萍水初相逢，亦非陌路人。」

為什麼人生和旅行時光一樣，會時常落入同一款同一種莫名感傷！

不要埋怨生活平淡，不要擔心失落會不會使人失去尊嚴。無論如何，人都需要確保落寞之後可以重新來過的勇氣，才能邁出沉著步伐，處之泰然過日子。

到過日本牛仔布發祥地倉敷幾次，不煩、不膩。春日運河，楊柳鋪滿兩岸，垂柳隨風搖曳，條條翠綠，讓人見了想大叫。還有，河岸幾株初開粉紅新蕾的櫻花，溢出芬芳，終於，終於，花香啊，接著而來。

散步蘭舟運河畔，遊逛修整後的白壁倉庫、民藝館，幡然明白這才叫優閒，走不盡，停不下腳步。景色竟然美到這步田地，無言了，不願離去，只想留到天荒地老啊！

• 楊柳鋪滿兩岸的運河

# 岡山縣

# 倉敷市

# 運河

# 松任谷由實

# 春よ,来い

# 弱者，你的名字叫貧窮！

• 林芙美子《放浪記》石碑

尋訪尾道貓の細道之前，打探到曾就讀尾道女高的右翼作家林芙美子紀念館，就在那裡，便事前走了趟書店，找尋原文版《放浪記》。分類細密的書店，紀伊國屋、蔦屋、未來屋，不費吹灰之力，很快找著。

即使這樣，仍習慣趁等車空閒之便逗留其間，瀏覽書刊美不勝收的好樣設計，倘或不懂日文，光看琳琅滿目的封面也足夠歡心。電車閱讀、書店人潮，真是好風景。

緊臨瀨戶內海的尾道，是著名「電影之城」，小津安二郎名作《東京物語》、大林宣彥的《穿越時空的少女》都以尾道作為故事舞臺。

出了車站，巧遇書迷聚集本通商店街口、潮小路旁，在出身貧困，說過「會有誰要買我？把我賣

• 《暗夜行路》作者志賀直哉舊居與山下瀨戶內海

了吧！」的林芙美子雕像前舉辦追思活動；日正當中，基座刻有「看到海了，看見了海，睽違五年，尾道的海令人懷念。」詩句的雕像前，我在烈日下避陰影，不停迴身側拍，但見半蹲在洋傘、皮箱旁的林芙美子，眼不眨的直視往來行人。

跨越鐵道，步上山麓陡斜石階，進入千光寺公園的尾道文學館林芙美子記念室，閱覽文學碑、手稿、遺物，又在蜿蜒的貓の細道，撞見以《暗夜行路》聞名的志賀直哉舊居。探訪作家故居多了，不若貓の細道的多樣風情吸引人，真貓、假貓、陡坡小徑，條條迷宮走累人，是散步尾道文學公園一大樂趣。

這季陽光燦爛，在尾道風物詩，見到纜車、港口、冰、貓咪、紫陽花、古道、文學館。

# 廣島縣

# 尾道市

# 林芙美子

# 貓の細道

# 尾道文學館

# 嚴島神社，天醉蘭陵王

起身大早，從清幽護城河的廣島城、慘烈原爆館乘坐地面電車到宮島口，搭渡輪漫步日本三景之一的嚴島神社，有鹿、牡蠣、篷舟，有海上朱紅大鳥居、本殿、能舞臺、反橋、寶物館、宮島水族館，全是遊客最愛。

相傳，大和民族在海上建神社有因：便於供奉海上女神、相信死者靈魂會乘船出海，遠赴佛門極樂世界，榮登淨土。

自古宮島即被當作神島，信眾崇敬不已。受信仰薰陶，嚴島神社的獨特文化、神聖的大自然得以保存，視為人神共存之島，名揚四方，進而成為世界文化遺產。

平安時代以降，舊名宮島的嚴島神社便是擁有權勢的平家守護神。《平家物語》描述首領平清盛擔任安藝守，嚴島神社理當成為平氏參拜聖地，一一六八年，平清盛建造社殿，積極引進平安時代流行文化，使嚴島神社盛名遠播，著名雅樂〈蘭陵王入陣曲〉舞樂表演，就從那時發揚。

清盛神社位於宮島境內左方，鄰近西松原，這裡是由大量泥沙沉積填造成的海灣，從沙洲位置觀賞海上大鳥居，格外清晰；神社介居僻靜處，鮮少遊客到訪，人少，更能清閒自在坐到岸邊石墩，觀賞湛藍海天，承載陽光與海水互映的恢弘光芒。

總是神奇多過驚詫。潮漲時，瀨戶內海的潮水涵淹鳥居、淺灘，看社殿漂浮水中，蔚為奇觀；退潮後，整座鳥居裸露夕陽下，輝映成一朵孤立大紅花。不見方片刻，紅柱滿牡蠣，我說這世間，來去本就露水般短暫！

• 退潮的大鳥居

• 宮島口蘭陵王雕像

• 平清盛雕像

# 廣島

# 宮島

# 嚴島神社

# 平家物語

# 平清盛

# 楓葉饅頭

# 錦帶橋啊！非得這麼美不可嗎？

想見退潮後宮島大鳥居的裸露模樣，趁便夕陽餘暉尚未從西邊天空出現的空檔，不知打哪裡漂來木樨香味，像柔軟清涼絹紗，隨風撫弄肌膚，一再催促我搭車到鄰近岩國市，親歷錦帶橋，然後算準時間在晚霞放出光芒前一刻，轉回宮島。

自詡伶俐的旅程算計，果然在時間內得見與東京日本橋、長崎眼鏡橋齊名，同列日本三大橋的錦帶橋。

岩國市位於山口縣東、瀨戶內海安藝灘西。山頂岩國城，由十七世紀初武將吉川氏所建，七年後遭德川一族毀壞，二十世紀中葉重新修建。從岩國城天守閣最上層瞭望臺俯瞰岩國市景，最顯眼者，當屬錦帶橋，是為岩國地標。

錦帶橋跨越山口縣最長河域錦川，一六七三年，由

• 日本三大橋錦帶橋

岩國藩三代藩主吉川廣嘉建造，橋長兩百一十公尺、寬五公尺，橋身呈半圓錦帶狀波浪拱形，利用組合木構式技法施工，以橋身重量加強支撐力，整座橋未用一根釘而聞名。百年來屢遭洪水沖毀，現今木製橋為二〇〇四年改建。

錦川除了聞名的錦帶橋，夏季期間，遊客尚可觀賞傳統鵜飼捕魚活動，鵜又名鸕鶿。尤其夜間的鵜飼捕魚均遵循古法，遊客藉火光清楚看見漁師利用訓練有素的鸕鶿捕捉小魚，暗夜河面點點燈火，頗能發思古幽情。

夕暮變得短暫驚人，初鳴的蟋蟀叫聲和夏蟬一樣聒噪，厲聲愈加喧鬧、急促，一陣接一陣，直叫到天色都已近黃昏，很快喊醒眷橋旅人，我得折返宮島，看夕陽下的大鳥居。

• 鸕鶿捕魚船

# 岩國市

# 岩國城

# 錦帶橋

# 喜歡就是喜歡，不是嗎！

• 佐佐木小次郎雕像

再次與妻小四人來到錦帶橋，打算跟曾在錦川畔勤練「燕返し」劍法的佐佐木小次郎會面。

雨後錦帶橋，一片清明的翠綠景色，眾人輕步翼翼越過半圓拱形橋，走到錦川彼岸尋找小次郎蹤跡，無意發現整座吉香公園的詩意景致，美到無出其後，怎麼拍攝怎麼對景，索性搭乘纜車到迷霧中的岩國城逍遙，登高望遠探即景。

鄰近錦川，岩國城下的吉香公園，矗立小次郎舞劍雕像。小次郎出生岩國，據悉，他聞名武術界的「燕返し」，就是在錦川畔見柳條拍打燕子而獨創的劍法。

出身戰國時代與安土桃山時代的劍術家小次郎，富田勢源的弟子，曾與中條流的鐘捲自齋學習小太

• 從岩國城搭纜車看岩國市

刀技法，絕技「燕返し」能將長刀之利發揮到淋漓盡致。為了前往細川家仕官，受命與宮本武藏在巖流島決鬥，最終殉死武藏木劍下。

平清盛說：「櫻花呀，不要怨嘆賀茂河上的風吧，它無法阻止花的凋落。」這話表述人對短暫生命要有如櫻落飄瀟的見識。小次郎即便抱持「生時麗似夏花，死時美如秋葉」這種信念吧！

岩國城下吉香公園，難以名狀的寧謐，默默渲染夏末使人心靜的樸素色調。如是用繪畫，這種特異構圖、色彩，描摹幾筆並非難事，那是因為風景有真切之美。如是用文字，從眼見到身歷其境的瞬間相遇，除了撼動，就不知該從何處下筆了。

大自然有首尾一貫的風範，存在小次郎的吉香公園，比擬別的美景更加使人感動，不是嗎？

# 岩國市
# 錦帶橋
# 吉香公園
# 岩國城
# 佐佐木小次郎

# 驕奢者如一場春夢，不會長久

戰記文學《平家物語》敘述，平家與源氏最終役「壇の浦」海戰，即今關門海峽，位於北九州市門司港、山口縣下關港兩岸間，潮流湍急，狹窄處寬僅六百公尺，海上船舶往來頻繁。跨越兩岸的關門大橋，長一〇六八公尺，可行駛六線車道，夜間橋身在彩燈與海水映照下，異常壯麗。從海峽北岸下關市，穿越舊稱「壇の浦」的赤間，可長驅瀨戶內海，直入近畿。

舊名赤間關的關門海峽六十公尺深處，築有七八〇公尺長的海底隧道，連結九州、本州，分置兩層，上層車道，下層行人步道；港口唐戶市場的海產、壽司遠近馳名。

說書人無耳芳一在《平家物語》提到終結平家的赤間關，說道：「這個國度令人憎惡，我帶你去極樂淨土。」安德天皇的外祖母泣訴，給幼帝換穿山鳩色御袍，梳理兩鬢打髻髮式；幼帝含淚，雙手合掌，朝東伏拜，向伊勢大神告別，又朝西方，口念佛號。隨後，二品夫人摟抱身懷天叢雲劍的幼帝，把神璽挾於肋下，安慰：「海底也有京城。」話落，連同寶物一起投入壇の浦海底。

御裳川公園設有「安德帝御入水處」石碑，供憑弔，解說員以「歷史體感紙芝屋」為遊客講解《平家物語》。下關尚留不少遺蹟：大歲神社、壇の浦古戰場、平家の一杯水、赤間神宮。

坐在御裳川公園石椅，聽見蟲鳴，想起書中警世語：「驕奢者如一場春夢，不會長久。強梁者如一陣輕塵，過眼雲煙。」感觸頗深。

• 御裳川公園，安德帝御入水處

• 關門海峽，關門大橋

• 平知盛雕像

# 山口縣

# 下關市

# 關門海峽

# 關門大橋

# 御裳川公園

# 如風中輕塵的平家因果

鎌倉初期，赤間關阿彌陀寺出現一名擅彈琵琶，琴藝精湛的目盲青年芳一，彈唱《平家物語》臺本，聽眾無不感動。後來，欣賞芳一才華的住持，讓他住進寺院，成為法師，得閒聆聽他彈唱如風中輕塵的史事。作家小泉八雲把他的無耳故事寫入《怪談》。

話說，壇の浦海戰後，源賴朝為鎮撫安德天皇怨靈，於幼帝殞命的赤間關對岸，依山面海的坡地，建造阿彌陀寺御影堂，供奉幼帝靈位，並祭祀平家「七盛塚」。安德天皇奉為久留米水天宮祭神，成為水神、安產之神，被各地水天宮祭祀。

一八七五年，阿彌陀寺更名赤間神宮，一九六五年新神殿竣工，設計成赤紅色龍宮造型，以慰安德天皇在天之靈。神宮收藏有國家指定重要珍貴文化遺產長

• 赤間神宮

門本《平氏家族故事》二十卷，神宮後側安置三座高十三層的水天供養塔，以及無耳芳一木雕坐像，供民眾祭祀。

平家在壇の浦海戰慘敗後，家族四分五裂，投海自盡者眾，被生俘者不少，女官大都選擇遁入佛門，與佛祖晝夜相依，朝夕勤謹膜拜，不分晨昏念誦佛號，度日遣月從不懈怠，祈禱天子聖靈早成正覺，平家亡魂均得佛果。

從下關港散步到赤間神宮，想及《因果經》所言：「欲知過去因，見其現在果；欲知未來果，見其現在因。」如若悟出過去未來因果，便不該悲歎。有道是：「岸邊櫻已落，池上花盛開。」撥開繁茂的春花夏草，走進世間，所見景物俱感新鮮呀！

• 說書人無耳芳一木雕像

# 山口縣

# 下關市

# 赤間神宮

# 無耳芳一

# 七盛塚

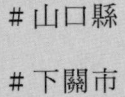

# 瘴癘之地，割之可也

• 春帆樓

因教科書的見解所致，人們通曉日清簽訂割讓臺灣的〈馬關條約〉，就在下關春帆樓。

與赤間神宮緊鄰一牆之隔的春帆樓，眼下是一望無際的湛藍海水。春帆樓原為方丈寺院，屬阿彌陀寺擁有，後由眼科醫生藤野玄洋購入開業，藤野過世，女兒美智子未通醫術，卻獨具慧眼把樓房改建料亭，經營「割烹旅館」，以擅長料理含劇毒的河豚而聲名大噪，曾獲頒「河豚料理許可證第一號」。

據悉，春帆樓是由品嘗過河豚料理，明治維新第一任首相伊藤博文命名。

春帆樓名聞遐邇，除販售河豚料理，便是日清議和簽訂賠償條約所在。

一八九五年三月十四日，李鴻章一行人乘坐德國

• 日清講和紀念館

商船，懸掛清帝國黃龍旗，由天津啟碇駛抵下關。二十四日，結束第三次冗長且無交集的會議，李鴻章乘轎準備返回行館「引接寺」，突遭激進青年小山豐太郎開槍狙擊，一槍打在地上，另一槍正中左臉頰，險些喪命，李鴻章當場癱倒。養傷兩週，復原迅速，四月十七日，雙方終在春帆樓簽訂〈馬關條約〉，清政府割讓臺灣，賠償相當於三年國家總收入的巨款。

李鴻章簽訂〈馬關條約〉曾說：「臺灣，鳥不語，花不香，男無情，女無義，瘴癘之地，割之可也。」

憾恨！無論李鴻章是否夸夸其詞以辟言唾棄臺灣，在開放供民眾參觀的日清講和紀念館，清楚得見談判桌席原貌、馬關條約，最終證實清國的確在條約中載明將臺灣永遠割讓給日本國。

# 山口縣
# 下關市
# 春帆樓
# 日清講和紀念館

## 渡船巖流島，雙雄決生死

預想乘坐快艇從下關往巖流島，猶豫幾小時，果真十分鐘不到十五分鐘航程，竟是橫躺座椅，一路顛狽過去，差些暈厥不起，徒託大話讓女兒見笑。

巖流島位於關門海峽中，是浮出水面無人居住的空曠小島，舊名船島，本來占地一萬七千平方公尺，周圍布滿岩礁，船隻不易靠近，隨來往船舶增多，為免觸撞暗礁發生意外，後來岩礁填高，擴增至十萬平方公尺，整頓成今日所見寬闊「巖流島文學碑」公園，立面兩座知名劍客雕像，栩栩如生的比武英姿。

巖流島曾是戰國修行武者宮本武藏與佐佐木小次郎生死決戰所在。這場決鬥，小次郎被武藏以備用木櫓削成木劍擊中，當場頭破命喪，後人遂於島上建立佐佐木巖流之碑，供遊客憑弔。

巖流島決鬥，事前可讓武藏費盡心思，用木櫓削成長木劍、故意遲到，乃至占據背光位置，意圖激化小次郎陷入心浮氣躁中。勝負一戰，終至催逼小次郎成為早夭的悲劇英雄，也使武藏被看成是鄙詐的江湖中人，巖流島之役竟成光明磊落的俠客，悲慘的墳場。

劍法比試是否僅及於劍術？武藏認為，船櫓是劍、時間是劍、定力是劍、光影也是劍。由是，中年之後有人問他，與人決鬥是否必須搶到背光位置，武藏回答：任何時空都要使劍發揮最大能量，只有體會及此，劍的真義才能顯現。

可以這樣說，巖流島之役，勝者武藏，敗者小次郎，正是「一切即劍」擊敗「劍即一切」。

• 巖流島文學碑碑

• 佐佐木巖流之碑

• 宮本武藏和佐佐木小次郎決鬥雕像

# 山口縣

# 下關市

# 巖流島

# 宮本武藏

# 佐佐木小次郎

小豆島余島岩洞

# 〔四國地區〕

# 迷醉瀨戶內海，高松港

始建於一九七八年的瀨戶大橋，父親和我曾乘船經過，在瀨戶內海觀看進行中的工程；一九八八年，起自岡山縣倉敷市兒島鷲羽山，連接四國香川縣坂出，連綴六座橋，銜接瀨戶內海櫃石島、岩黑島、羽佐島、與島、三子島五座島嶼，全長十三公里的跨海大橋終告完成，本來講好得閒有空陪父親再去開眼界，遺憾父親當時臥床病歿難成行。

多年後，與女兒結伴同行，從兒島搭乘公車，登臨突出兒島半島西南端的鷲羽山，從高臺遠眺氣勢如虹的大橋，領受瀨戶內海島嶼，如星羅棋布，使人迷醉的美景。

觸手可及的瀨戶大橋，並行公路、鐵道，使位於「吉備兒島」西側，為一港埠市鎮的兒島，因瀨戶大

• 瀨戶大橋

橋而成觀光據點。

如今，旅行模式變易，僅能從岡山前往高松的跨海電車，在急行瀨戶內海的車廂，思念父親，遙望海面變化萬千的大橋，把美好幻覺摺疊成影。

高松港位於備讚瀨戶東部，連接四國、本州、直島諸島的海上交通要衝，入港船舶、渡輪乘客、貨物噸數等，排名日本第二，是重要客運港。

怎麼會忽然喜歡高松港？說清楚，是為參訪臺灣地景裝置藝術家林舜龍，受邀「瀨戶內海國際地景藝術節」，在高松港編織巨型仿深海生物，展出的作品《跨越國境》。

欣然前往，絕不是希圖品嘗讚岐烏龍麵。海洋，港口，蔚藍天空，地景藝術，連三年夏日進出高松港，與瀨戶內海親密依偎，海水變清澄，全在自流中。

• 高松港

# 四國

# 香川縣

# 瀨戶內海

# 瀨戶大橋

# 高松港

# 地景藝術節

## 落下淚來，那二十歲的春天

• 玉藻公園

被電影《春之雪》取景作為綾倉伯爵家的玉藻公園披雲閣，位於高松車站百公尺處，是座枯山水式庭園。電影原著三島由紀夫，主角妻夫木聰、竹內結子，描寫羅患肺病亡故，二十歲松枝清顯的悲劇戀情。

玉藻公園高松城被指定為國家史蹟，天守閣曾是高松市標誌，美的化身。

飛鳥時代俳人柿本人麻呂在《萬葉集》讚頌高松城具有「玉藻美」，寫道：「贊州贊岐佇立在可以看見高松城的波面上。」高松城又稱玉藻城。

一八八四年，天守閣因腐朽遭拆除，二〇〇四年重建。失去天守閣，城內建築保存良好，在基礎上造玉藻公園，外護城河、中崛、內壕引進海水，評選為日本三大水城之一；艮櫓、月見櫓、鞘橋、旭

• 披雲閣

橋和旭門、櫻御門遺蹟、披雲閣、水門，美極了。

典雅披雲閣，由松平家城主松平賴壽造建三年落成。擁一四二個草席大的書院，以及蘇鐵間、松間、波間等七間造型不同的房舍，以內面可觀賞到的景色命名。融合傳統建築、西洋設計的「大正浪漫浮動披雲閣」，成為茶會活動的藝術殿堂。

走近披雲閣，憶起三島描述，松枝清顯、綾倉聰子，青梅竹馬即暗戀對方，如樹對鳥單相思，忽忽不樂，直到長大才像腳尖和樹蔭一見鍾情，各表情意。然，綾倉家為重振聲譽，決意讓聰子下嫁殿下，命途多舛的兩人，暗結珠胎，運命最終把兩人拆散。也罷，路燈很在意夜空，等到雙方老了以後再分手就令人惋惜了。

# 四國
# 香川縣
# 高松市
# 玉藻公園
# 披雲閣
# 春之雪

# 有被栗林公園的美奪去魂魄的感動

• 飛來峰眺望偃月橋

從玉藻公園琴電高松築港站搭乘琴平線，行抵《春之雪》電影場景栗林公園；還有，日本人一生一定會去參拜一次的能量景點金刀比羅宮。

位於高松市栗林町，日本第一庭園的栗林公園，一步一景，選作《春之雪》松枝侯爵家庭院；報載，在栗林公園進行外景拍攝，飾演松枝清顯的妻木夫聰讚譽：「有被栗林公園的美奪去魂魄的感動。」

擁有四百年歷史的栗林公園，居高松市紫雲山東麓，稱「高松城主御花園」，分南庭迴遊式庭園，北庭準洋式庭園，總面積七十五公頃，一六二五年動工，耗時百年完成，原是佛教信仰的場所。

庭園以紫雲山為背景，能工巧匠設計六座水池、十三座假山，風情萬千。庭園遍植鶴龜松、箱松、

• 南湖掬月亭

屏風松等一千四百餘棵松樹，樹齡兩百年以上，以及三百五十餘株櫻花，初夏蓮花和菖蒲、冬季山茶花，顯現不一樣的季節風貌。

坐落南湖，優雅弧形的偃月橋，無可比擬；我從飛來峰眺望屹立水池的偃月橋，發覺栗林公園最美風景就在那裡。南湖畔掬月亭、日暮亭是觀賞水池、奇岩怪石的最佳地點，更是當時藩主筵宴請客賞景的茶屋。

日本的「伊」指女性，「勢」指男性，「伊勢」指男女事，《伊勢物語》說：「到了天色微明時，吞聲飲泣回家去。」散步偃月橋，遙憶電影《春之雪》，松枝清顯站在橋頭，與女主角邂逅的動情之心。這麼美，這麼雅的大名林園，怎能不令人嘆為奇景！

# 夏日男孩節搭乘小豆島渡輪

臺灣與日本的端午習俗來自漢文化。臺灣划龍舟、綴香包、插菖蒲、吟詩歌、食粽子，又稱肉粽節、詩人節。江戶時代的端午是農曆五月五日，明治維新後，改陽曆五月五日，家家戶戶懸掛鯉魚旗，譬喻鯉躍龍門、英勇果敢，作為夏季來臨的象徵，又稱男孩節。

搭乘渡輪前往小豆島彼日，在高松站前廣場，巧遇住民開展迎接夏日的盛大祭典，載歌載舞的男孩節呀，阿波舞呀，烏龍麵呀，人潮不休，異常熱鬧。

香川舊名「讚岐」，特產讚岐烏龍麵，因而以此相稱；起源不詳，但從江戶元祿時代的屏風繪圖，得見烏龍麵屋的蹤影。過去，小麥、鹽、醬油等製作烏龍麵的材料普及，直到一九六〇年代，「讚岐烏龍麵」品牌名稱，才由香川縣向全國宣揚著名。

這個夏季，瀨戶內海水色清湛，搭渡輪過海小豆島，飽覽蔚藍風光，說不上來的輕快心情，我和妻小坐入船艙，和菓子、飲料、水果，擺滿桌，談笑風趣，一副郊遊氣象，教人喜悅不已。

小豆島位於瀨戶內海播磨灘，面積一五三平方公里，僅小豆島町、土庄町二町。瀨戶內海第二大離島，因成功栽植橄欖，以「橄欖之島」聞名。

從高松港到小豆島，唯一搭渡輪，一小時抵土庄港。不遠處，即是民間故事傳說，桃太郎帶領狗、猴子、狩獵鳥前往為民除害，舊稱鬼島的女木島。遠足小豆島，見到睡臥內港石墩邊，頭枕鐵錨，一隻貓，躍進瀨戶內海明清朗朗的畫景裡。

• 高松港

• 高松港渡輪

• 高松港阿波舞

# 香川縣

# 高松港

# 渡輪

# 瀨戶內海

# 小豆島

# 當潮退時，走在天使散步道

非秋季到小豆島，不見寒霞溪紅葉；夏日，從高松港搭船過瀨戶內海，到隸屬香川的小豆島，就是聽海，吹風，照夕陽。

瀨戶內海景色怎麼看都美。喜歡朗朗晴空，厭惡毒辣陽光，便戴上運動帽，與妻小四人租借電動單車，穿梭幽靜町畦；街道整潔的大家小戶，紫陽花綻放璀璨似錦。單騎走走停停，來到一九九六年登錄金氏世界紀錄，世界最狹窄海峽，寬處四百公尺，窄處九點九三公尺，位於中前島與小豆島之間的土渕海峽。

午后風輕涼爽，聽海濱貝殼清脆聲，登上約束之丘展望臺、走到退潮後，每日兩回自前島、余島間冒出沙洲的天使散步道，配上不驚海波，超級美景終於浮現。

僅只退潮才能通行的天使散步道，位於土庄町銀波

• 天使散步道

浦地區的沙洲，長五百公尺，著名景點。散步道被列為戀人聖地，樹枝吊掛情人祈願的「貝殼繪馬」。傳說，只要愛人牽手走過淡黃沙洲，戀情願望就能實現，當真？

小豆島美景吸引無數日劇作為地景，必遊「橄欖公園」，陽光、海水、橄欖樹，成就旅人到此攬勝的迷人風景。真人版《魔女宅急便》於此取景，在希臘贈與的白色風車前變身騎掃帚的魔女，成為遊客最愛合影的勝景。

再來，電影《二十四之瞳》最初拍攝搭建的場景，被完整保留，構成電影村，町內草木、房舍，無不忠實顯露昭和時代景象。

誰願遞給我智慧的橄欖枝？枝上留殘雪，看來也似花。小豆島景色教人銷魂哪！

• 土渕海峽

# 香川縣

# 瀨戶內海

# 土庄港

# 小豆島

# 天使散步道

# 四萬十川遲開的向日葵

• 鳴門海峽漩渦

不讀書，縱令行路萬里，終是郵差，充其量或可稱旅行者。不行路，縱令讀書千卷，終是書癡，充其量或可稱讀書人。

旅日初期，是個無網路導引行程的年代，只能依靠熟門熟路的人導覽，甚或透過案內所資訊，自行摸索。

跟父親前往愛媛新居浜探訪他的小學同學，便是一場仰賴熟人引路的探險之旅。

吳先生是戰後滯日臺灣人，在住居地經營中華料理，旅行四國四天的吃住，全由他張羅。自慚不愛讀書，喜歡攝影，日日清晨備妥糧食，壽司、飯團，準時嘶吼嗓門：「出發囉！」駕車搭載三人遊玩。

開車技術猛烈的阿伯偏愛行走山間，前往今日所言「祕境」，不是山就是水，我心侷促不寧，推

• 德島阿波舞

想，難道四國就這些蕭疏野地？

直到多年後的今天，始知驅車迢迢到訪位於淡路島、四國大毛島、島田島之間，以漲退潮產生漩渦聞名，間距一點四公里，稱「會叫的瀨戶」，駭人耳目的鳴門海峽；位於德島西部山村，屬劍山國定公園的祖谷、七曲，以及劍山祖谷川溪谷，距離河面十五公尺，以藤蔓編製，使人見了險些喪膽，日本三大奇橋之一的蔓橋。

還有，遠至高知縣，生田斗真主演的日劇《遲開的向日葵》拍攝地，日本最後清流，長一九六公里，純淨的四萬十川畔野餐，別具美好感受的遠足。

過去那些先入為主的情緒反應，時過境遷，方知大嗓門的阿伯，隱若深思熟慮的智者，竟然帶我先行四國諸多祕境，於心愧疚呀！

# 四國
# 愛媛縣
# 新居浜
# 德島縣
# 鳴門海峽
# 祖谷川
# 四萬十川

# 我會獨自選擇自己的命運

幕末志士坂本龍馬出生高知市本町筋，高知位居四國南部，鄰近太平洋，舊稱土佐藩，縣境有「日本最後一條清流」之稱的「四萬十川」納流。

一八三五年誕生的龍馬，小時候個性膽小懦弱，人稱愛哭鬼，性情魯鈍，自認才疏學淺；家人送他進教授漢學的「楠山塾」讀書，表現不佳，無法繼續上學，改由姊姊乙女教授鍛鍊劍術和游泳等技能。一八四八年，龍馬十三歲，被送往日根野弁治道場學習小栗流劍術，對劍術修行十分熱中，五年修業，取得初級結業證明。野史傳言，長大後的龍馬身高近六尺，約一八〇公分，在江戶時代算巨漢。

少年時代的龍馬，某天跟鄉里友人相偕河邊游泳，途中下雨，朋友問他：「都已下雨了，還要去玩水嗎？」龍馬回答：「游泳弄濕身體和下雨淋濕身體有什麼差別？」二話不說，頭也不回的逕自跑到河邊戲水，充分表露別具一格的真性情。

龍馬在京都遭人暗殺後百年，高知縣政府在龍馬出生地高知市建造「龍馬誕生地紀念館」，紀念館西鄰龍馬誕生地之碑，館外懸掛「土佐維新歷史文化道·坂本龍馬誕生地」標幟。紀念館分別東棟、西棟，東棟展出龍馬成長的「上町」歷史、文化、龍馬手稿、養育龍馬的家族模型與科技影像，並設龍馬自出生到脫藩期間的造景、雕像。

面對偶像紀念館販售部，提供手調人頭像「龍馬咖啡」，饒有別趣；行囊豐滿，背包自然多了不少趣味紀念品。

• 龍馬誕生地紀念館

• 高知站前三英雄：武市半平太、坂本龍馬、中岡慎太郎

• 紀念館內的龍馬與二姊乙女雕像

# 英雄，就是走自己路的傢伙

從高知市搭乘公車，翻山越嶺，一路顛簸，昏頭暈腦前行「桂浜」，到坐落近郊浦戶城山的「坂本龍馬紀念館」。外貌設計成船舶形象，面向太平洋的紀念館，據稱，船舶造型的構思，源自龍馬小時到母親阿幸的娘家遊玩，爬到屋頂眺望太平洋，展現胸懷四海的大志，因此，紀念館的建造，結合龍馬喜愛乘風破浪、揚帆翱翔的個性相互應和。

龍馬說過：「人要盡情燃燒，直到生命最後一刻。」是的，他就是這樣的人；所以，進紀念館前，先跟入口龍馬握手寒暄。

紀念館分「跟龍馬周遊去」本館、「跟龍馬心意相通」新館，分別介紹龍馬短暫卻精采的人生；二樓展覽室以圖解、影像介紹龍馬生涯、人格、歷史事件；

• 坂本龍馬紀念館

地下二樓陳列龍馬在京都近江屋遭暗殺的沾血屏風，以及龍馬背書的「薩長同盟」盟約複製品。

館內有常設展、企畫展，展覽龍馬使用過的手槍、幕末時期跟龍馬相關的人物、龍馬家族等文物。引人矚目的當屬龍馬寫給姊姊乙女，報告新婚旅行過程、路徑等圖文並茂的信件真跡，以及龍馬遭暗殺前兩天寫的最後一封信。

苦難時代被創造出來的英雄，「坂本龍馬紀念館」的出現，宛如傳述幕末、明治初期，一段悲壯、悽厲史實，淚濕衣襟，斑斑成血，一幕幕掠過，如夢飄浮眼前。

我和女兒走上紀念館樓頂，遙望水天一色的太平洋美景，確乎風光旖旎；隨後走到擁有五彩石的桂浜海灘，跟龍馬銅像合影。

• 桂浜海岸

# 道後，眾神泡湯的地方

• 少爺火車

平成最末日，女兒相送兩枚明仁天皇座車圖騰的五百円紀念幣，象徵舊時代結束，「初春令月，氣淑風和」初起，再送《源氏物語》作者紫式部構圖的兩千元紙鈔，《少爺》作者夏目漱石肖像的一千元紙鈔。

《少爺》描述個性耿直、滑稽的江戶哥兒，遠赴松山任數學教師，揭露學校教育問題，嘲諷、颯爽的校園情事，成為百年來最多日人閱讀的夏目代表作。國民文豪的頭像入列日幣紙鈔之外，《少爺》背景舞臺松山市同時成為成功創造文學地景的城市。

道後溫泉車站、少爺列車、少爺時鐘塔、松山中學、道後少爺廣場、少爺團子、少爺群像道後溫泉……全以《少爺》之名造設地景、名產。松山或可稱「少爺市」、「夏目漱石市」了。

• 《少爺》、《神隱少女》的原創舞臺道後溫泉

主角泡湯的道後溫泉，與有馬溫泉、白浜溫泉，並稱三大古湯，因該書轟動愈加出名。

道後溫泉建於一八九四年，為三層高木構建築，保存一百多年前模樣，是日本第一座被列為國家重要文化財產的公共浴場。

到道後溫泉，豈有不進澡堂感受哥兒泡湯滋味之理！澡堂分神の湯、靈の湯，湯堂古雅，大浴池造型不同的出水口、白底藍花瓷磚壁畫，更是觸發宮崎駿創作《神隱少女》眾神泡湯的所在。東側又新殿，過去專供天皇使用，精緻石雕，貼滿金色壁紙，彰顯王者氣派。

因為沉迷，披浴衣步上夏目曾經下榻的二樓，在擺設半身雕像，被安置成「坊つちゃん間」的休憩室取景緬懷。

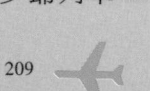

# 絲瓜花開，痰阻咽喉，將成佛乎？

松山市俳人輩出，有「俳都」之稱，包括正岡子規、種田山頭火、高浜虛子、河東碧梧桐等人；另有，一八九五年，文豪夏目漱石在松山從事英語教師工作，名作《少爺》以己身經驗為素材；司馬遼太郎的歷史小說《坂上之雲》，以松山出身的秋山好古、秋山真之，加入正岡子規為題材，因之暱稱文學城。

松山車站前，矗立正岡子規歸鄉所吟的俳句石碑「春や昔十五万石の城下哉」，頌揚松山的春天。距離道後溫泉車站五分鐘路程，末廣町正宗禪寺的「子規堂」，為紀念出生松山市的俳人，日本硬式野球首位導入者，曾任《新聞日本》特派員的正岡子規而建，一九四八年列為指定史蹟。

一八六七年出生松山市，譽為日本俳句之父的正岡子規，生前對日本文學最大的貢獻，就是把形式詩現

• 子規堂

代化，引進俳句詩、短歌，是對俳句、短歌、新體詩多所奉獻的文學宗匠。

坐落禪寺的子規堂，仿傚生前舊居而設，堂內展示子規原稿、文學資料、遺墨、遺物，生前使用的桌椅；包含好友夏目漱石、內藤鳴雪等人墨寶、書信，十分珍貴。

庭院立有子規埋髮塔、子規立身銅雕像、夏目漱石半身雕像；還陳列《少爺》哥兒講述「車廂像火柴盒一般」的少爺列車供參觀。

一九〇二年，子規肺結核末期發作亡故，年僅三十四。到子規堂參訪，想起他的俳句：「某僧不待月，逕自歸」、「方啖一顆柿，鐘聲悠婉法隆寺」。

唷，好樣子！

• 正岡子規寫字間

# 四國

# 松山市

# 正岡子規

# 子規堂

# 子規紀念博物館

# 秋山兄弟，山坡上的雲

從松山城搭乘纜車返回城下町，買了幾條今治毛巾、幾包五色麵線，還在鄰近「坂上之雲博物館」的步行町二丁目，見到日俄戰爭名人秋山兄弟故居。

「日本騎兵之父」陸軍名將秋山好古、「日俄戰爭最大參謀功臣」秋山真之的出生地，原是茅草房頂的單層木屋，跟一般武士住宅無異；重整後，庭院矗立秋山好古躍馬持戟銅像，屋內展示江戶至明治時代相關先進物品。

文壇巨匠司馬遼太郎的歷史小說《坂の上の雲》蓋以出身松山的秋山好古、秋山真之為題材，闡述明治時期出生松山三位知名人物：「日本騎兵之父」陸軍軍官秋山好古、日俄戰爭擔任聯合艦隊參謀秋山真之、兩兄弟兒時好友俳人正岡子規，於明治初期，為

• 松山城

增進國力而跟西方列強拚鬥，奮發學習，進而成為日本近代史著名的陸、海軍將領，以及「俳聖」文豪的大時代故事。

《坂の上の雲》喻為「山坡上的雲」，示意人生路即便崎嶇難行，只有肯跨越困境，奮勉向上，便能迎向天際雲彩。設計家安藤忠雄受邀規畫位於松山城下的「坂上之雲博物館」，即以上述三人的成就為主題建造的博物館，二〇〇七年開館；安藤運用獨特建築思維，構成外觀兩個重疊三角狀造型，地上建物四層、地下一層，融合松山城周遭文化，以及安藤氏慣有的清水模造，加上玻璃帷幕，引進松山城綠意光芒，將山丘一抹雲彩與自然環境融為一體，讓遊客自在與大自然對話。

• 秋山好古躍馬持戟銅像

# 四國
# 松山市
# 秋山兄弟舊居
# 坂上之雲博物館

長崎黑船來了

# 〔九州地區〕

# 看見門司藍翼橋開合

從福岡博多搭車到門司港，很近，為探訪戰記文學《平家物語》地景，專程前往源平壇の浦終戰的關門海峽好幾回，特別喜歡門司典雅的歐風建築、街景。

門司位於九州最北的企救半島、日本三大急流關門海峽西岸，連接本州、九州要道，明治到大正時期，繁榮的國際貿易港，與下關市隔海峽對望。

旅行門司，除了想及源平之戰，兩軍從屋島廝殺到壇の浦，把門司及赤間關海域籠罩在騰騰殺氣中，當時北風大作，樹木摧折，巨浪翻騰，戰況驚險萬分，如一首悲壯史詩。平知盛、源義經，都在這場戰役，成為悲劇英雄。

喜歡悲劇英雄，就在尋訪《平家物語》地景之餘，走進一派無敵浪漫，一九一四年修建的門司港車站，

• 門司港車站

沉浸醲郁味更濃的鐵道歷史、站內青銅製「幸運の手水鉢」、九州鐵道紀念館，流連風格獨特的舊大阪商船大樓、門司港經濟興隆時期建築的舊門司稅關、愛因斯坦夫婦曾經入住的舊門司三井俱樂部、門司港藍翼橋、關門海底隧道。

還有，《平家物語》地景：平家一門戰勝祈願的和布刈神社、門司城遺蹟、安德天皇御柳所、源平壇の浦合戰圖、戰將平知盛石塚的甲宗八幡神社、海峽平家物語展覽館。

史載，源平之戰受挫的平家，經一ノ谷合戰、屋島合戰，節節敗退，轉進九州不成，被迫撤守長門國彥島，漂流海上。傳說，安德天皇御所落腳門司車站往新門司路邊，北九州市高速公路交流道左側。

• 門司港藍翼橋

# 九州

# 門司港

# 門司港車站

# 舊大阪
商船大樓

# 源平壇の浦
終戰

# 在小倉角落找到森鷗外舊居

• 一九五八年，舊居遷移北區鍛冶町

機會是從智慧那裡掙來的，時間是從老天那裡搶來的。若不是為找尋文豪森鷗外舊居、松本清張文學館，旅途中會產生到小倉的念頭恐怕少了。旅行的時間不都是分配來的嗎？

一八六二年出生島根侍醫家庭的森鷗外，小說家、軍醫，東京大學醫學部畢業，受命陸軍軍醫副中尉，服務東京陸軍醫院。著有《舞姬》、《山椒大夫》、《高瀨舟》等。三十七歲調任小倉。位於小倉京町的住所，因小倉車站整建，一九五八年遷移北區鍛冶町。我在舊居館舍留言簿記下「臺灣，某某某到此拜見」簽名。

一八九五年，森鷗外晉升大佐，奉令赴臺，抵臺隔月，升任總督府軍醫部長，在臺停留四個多月，因「腳氣病事件」奉調回東京，這是森鷗外的臺灣

• 小倉城

初體驗。甲午戰爭，森鷗外並未因腳氣病療治無功退出醫界，反倒陰錯陽差，催生「征露丸」，成為盛行後世的止瀉劑。

一九六二年，為紀念森鷗外誕生百週年，小倉紫川常盤橋畔設「森鷗外文學碑」，錐形詩文碑刻有〈雞〉、〈獨身〉、〈二人之友〉、〈小倉日記〉四篇短文。

從舊居到森鷗外駐紮第十二師團司令部軍醫部長的小倉城，過城下尋訪以《砂之器》聞名的推理小說家「松本清張紀念館」，館內展示生平、創作，包括推理劇場、圖書室、紀念品販售處、咖啡館，是現代建築的文學館。

自說自話的人是否較易成功？森鷗外、松本清張不都是用文學自說自話，完成鉅著！

# 九州
# 小倉
# 小倉城
# 森鷗外舊居
# 松本清張文學館

# 燃燒吧！博多男兒的浪漫

九州北部博多港，曾與盛唐的明州港、新羅莞島清海鎮港，並列東亞貿易三大國際港，是日本最長的天然良港、貿易樞紐。近年來，吸引最多臺灣遊客到訪。

頻繁孕育剛亢明烈丁男的博多，每年七月一日到十五，為封印夏季疾病而舉行的奉納神事「博多祇園山笠祭」，名列日本三大祇園祭，參與人潮洶湧；使人稱羨的壯丁，個個身繫各流派「水法被」丁字帶，推拉重達一噸的「抬山」、「飾山」臺車在街巷飛奔「追山笠」，無不展現男性力與美的勇猛特質。博多男兒從不否定現在還活著的自己，所擁有祈天敬神的能量。燃燒吧！唯有汗水和活力才是男人的浪漫。

山笠祭在作為鎮守博多的櫛田神社舉行，這裡同是山車陳列所在。

九州第一大城博多，鬧鬧熱熱，氣候跟臺灣差別不大。那珂川與博多川之間形成「中洲」沙洲，是鬧區，百年以來充溢酒吧、居酒屋、拉麵店與各式俱樂部；黃昏臨來，河岸招牌閃爍不停，笙歌不斷，景象跟臺灣夜市十分相似。中洲戲稱不夜城，加諸「博多運河城」，密密麻麻擠滿千家餐飲店，古來流傳「西日本第一歡樂街」，入夜後，倒映那珂川河面的霓虹燈耀眼不已。

從博多搭車前往博多灣，高兩百三十餘公尺的福岡塔，不僅是象徵性建物，且是日本最高海濱塔，由八千多片鏡窗覆蓋成正三角形外觀，又稱「鏡貝」、「鏡帆」。在瞭望臺眺望博多灣，啊，人生是單行線，有去無回。

• 追山笠

• 博多運河

\# 九州

\# 福岡博多

\# 運河城

\# 福岡塔

\# 博多灣海灘

# 一夕間，梅樹飛進太宰府

距離福岡市四十分鐘車程的太宰府天滿宮，主要奉祀學問之神菅原道真。

九〇一年，專著《菅家文草》，深受宇多天皇愛戴、信任，三十三歲被任命「文章博士」的右大臣菅原道真，遭左大臣藤原時平讒言陷害，貶官至九州太宰府任副統帥，宇多天皇意圖阻止，未竟成功。以長子菅原高視為首的四名子女被處以流放，菅原道真聞訊不久，抑鬱以終，九〇三年病歿太宰府。為紀念道真，後人在其墓地建造現今天滿宮，當作「學問之神」膜拜，這是日本全國一萬三千座天滿宮總殿。

建築華麗的太宰府天滿宮，正殿建於一五九一年，寶物殿收藏有國寶「翰苑」及重要典籍，歷史館記載菅原道真一生事蹟。

• 太宰府天滿宮本殿

此外，本殿境內栽植六千棵梅樹，素有「飛梅傳說」之喻；傳說，因仰慕菅原道真，一夕間從京城飛進太宰府的飛梅神樹，每年一月下旬到四月，競相綻放白梅，成最富盛名的賞梅景點；庭園尚植一株千年樟木、三萬株菖蒲花，花海繁茂，色彩繽紛多姿，引人入勝；每年幾百萬人前來參拜、賞花、祈求學業進步、閤家平安。參道土產店販售的梅枝餅、梅茶，深受喜愛。

秋分時節，到太宰府懇求學問。恰逢旅遊熱潮，人群熙來攘往，轂擊肩摩，天猶未灰，池子就放送蟋蟀微妙的秋曲。芭蕉詩云：「江戶十秋送流光，反指他鄉是故鄉。」問學怎需要跑到福岡！對不起，太宰府之神，孜孜不倦、竭力生活，才算真學問吧！

• 太宰府筆塚

# 九州

# 福岡市

# 太宰府天滿宮

# 學問之神

# 菅原道真

# 行方不明的佐賀超級阿嬤

• 佐賀車站

青春不燃燒，根本無法增添旅行樂趣。想去佐賀尋找曾養育七個子女，歷經艱困生活的超級阿嬤，如何在無以復加的窮困中樂天知命，還不時用神奇智慧，安度物資匱乏的清貧歲月，進而富饒主角昭廣的心靈，洋溢溫馨。

都什麼時候了，當然找不到超級阿嬤的身影，適巧在佐賀車站，遇上以情、性為核心的小說《惡人》，主角祐一和光代在站前圓環公園見面的地景。

改編自吉田修一同名小說的電影在此拍攝，並於站前留下拍片記事。故事敘說，一名保險業務員石橋佳乃被發現陳屍福岡與佐賀交界，三瀨峽山崖下，嫌疑犯極可能是當天搭載佳乃兜風的富家大學生增尾圭吾，或是跟佳乃透過相親網站認識的工人清水祐一。

• 佐賀城本丸歷史館

自此，展開一場使人看後鼻酸的離奇逃亡！

既然遍尋不著佐賀超級阿嬤，索性在《惡人》地景前跟妻子演出一場祐一和光代見面的假戲。

真是瘋了，戲早下檔，何需無聊模擬和只見過兩次面的通緝犯一起逃亡的情節？不如閒步到櫻花盛開的佐賀城蹟與櫻相會。

佐賀城舊稱佐嘉城，別名龜甲城，明治初期，爆發佐賀之亂，城堡部分建築遭燒毀，尚存鯱門、續櫓大門，因城郭遺留彈痕，被指定為國家重要文化財。

以佐賀城蹟為中心構成的公園，穿越兩百年時光，在僅有的城郭、本丸外御書院，見到滿開綻放的大島櫻，花過天晴，一片迷人的夢幻勝景；美貌橫生，欣喜心動，誰還管他超級阿嬤在哪裡！

# 九州
# 佐賀市
# 佐賀車站
# 超級阿嬤
# 惡人
# 佐賀城蹟

# 昨夜的由布院，明日的大分別府

• 湯布院金麟湖

素有「晨霧和出泉之鄉」美譽的湯布院，是大分縣由布岳山麓的古樸小鎮，又名由布院，以溫泉聞名，泉水透明，溫和穩定，對類風濕、神經痛別具療效，日本第三大溫泉。

至今仍保留古老建築的湯布院，舊式旅店、洋式民宿、美術館、酒坊與茶屋，深具個性，比鄰並存，構成優雅景致。

小鎮因擁有展覽館、畫廊，充滿歡騰氣氛，遊客樂不思蜀。湯布院好山好水好風光的景色，造就精巧的陶藝、木雕、彩繪玻璃、壓花等民間藝術。

林木並道的溫泉街有座如夢似幻的金麟湖，這座魅力之湖，由溫泉匯流而成，即使嚴冬季節，湖底熱泉噴湧而出，湖面熱氣騰騰，是晨霧象徵。金麟湖，夕陽下閃爍如魚鱗光芒而得名，一衣帶水，無

• 竹瓦溫泉

比情趣的風景、民藝品販賣店，迷戀到訪遊客。賞金麟湖水景，拾得一樂。

大分溫泉不單只有湯布院，為享樂「無事一身輕」的泡湯心情，和妻女從博多乘車到以溫泉稱名，遍布兩百口以上公共溫泉、八個溫泉區，稱「別府八湯」，以及著名「別府地獄」鬼石坊主地獄、鬼山地獄、血之池地獄、龍捲地獄等，湧泉孔兩千八百多個，日本湧泉量最大的別府市。

不是泡湯專家，到日本最大溫泉區，眼見街區溫泉林立，天空滿布水氣，只好瞎子摸象進入鄰近別府站，一八七九年創立的竹瓦溫泉，以超便宜的銅板價一百日圓入場。

就算不懂泡湯，也不要跟溫泉達人論分別，就只想放鬆疲累而已嘛！

# 九州
# 大分縣
# 湯布院
# 別府八湯
# 別府地獄

# 風走過的路，少年長崎夢黑船

• 長崎地面電車

長崎港，位於九州西北部，港口狀如鶴，又稱「仙鶴港」，滿布歐洲、唐宋遺蹟，是融合多元文化的港埠。因三面環山，許多住宅建於山坡地，形成階梯式的斜坡街道。

長崎港距上海八六〇公里，對馬島離韓國釜山五十三公里，是日本和亞洲各國貿易最大與最主要交流站。自一六三三年，江戶幕府頒布第一道鎖國令，直到一八五四年，美國海軍軍官培里率艦「黑船來了」叩關為止，一直是日本唯一對外開放的國際貿易港。

明治維新後，長崎港再度成為日本對中國、朝鮮貿易主要航站。現在則為旅遊長崎的門戶，以及航行鄰近多個離島之間的交通要地。

幕末志士坂本龍馬說：「看到如此風景而不熱

• 長崎原爆平和公園

血沸騰的人，不管多有才能也不可能成為什麼好東西。這就是好人與小偷之間的差異，內心激動和毫不感動。」這話指的就是長崎港。龍馬在幕末時期最常出現長崎，風頭山、哥拉巴公園、港埠，都留有他跟洋人從事貿易、推翻幕府的蹤跡，促使長崎成為留有最多幕末歷史地景所在。

大多數人熟識的「長崎」，泰半來自二次世界大戰，那顆讓日本無條件投降的「胖男孩」原子彈、異族戀題材的歌劇《蝴蝶夫人》，還有，我深情眷愛的長崎蛋糕。

每回到長崎，甚是縱情買得幾盒長崎蛋糕回家。長崎蛋糕流傳至今，福砂屋、松翁軒、文明堂，是最富盛名「御三家」，其中，一六二四年創業的福砂屋，被認定為老字號名店。

# 九州

# 長崎港

# 胖男孩原子彈

# 長崎蛋糕

# 歡迎來到哥拉巴公園

• 哥拉巴公園

是誰說的，明治維新是以年輕人為中心的革命，這其中，注重大局，考慮他人覺得自己死了也無妨的人，感覺幕末那批年輕人，有一份完全不一樣的從容。

所以，每一時，每一歲，都經不起浪費，餘生從容，多和會讓你笑的人，出去走走，一起快樂！

被三個孩子要求和他們的母親，在哥拉巴公園擺出「帶妳去看流星」姿態拍照。殊不知背景洋房，正是幕末駐守日本的美國軍官平克頓與藝伎蝴蝶夫人住所。劇情說，平克頓是負心漢，攜伴美國妻子凱特回長崎，要求帶走兒子。知道真相後的蝴蝶夫人，願意交還兒子，卻以殉死作為對平克頓的控訴，持刀刺喉自盡。慘哉！幕末真武士！

蝴蝶夫人故居改建「哥拉巴公園」，是以蘇格蘭貿易商哥拉巴，在南山手山崗建造的宅邸為中心，把鄰近林哥、奧爾特等九棟木造洋樓遷移該處，取名「長崎明治村」。有稱，坂本龍馬常住洋人宅邸，在這裡跟商人交流貿易。

哥拉巴公園主建物，一八六三年落成，面朝長崎港，現存最古老木造西洋建築。一九三九年，龍馬同鄉岩崎彌太郎創辦的三菱船運買下；一九五七年，獻給長崎政府；一九六一年，列入國家文化財產。

瀏覽各式洋樓、《蝴蝶夫人》聲樂家三浦環雕像、喝龍馬咖啡、尋覓石板路「心」型石塊，走進暗中協助幕末志士，從事「大政奉還」活動的哥拉巴故居，見識明治維新發祥地，確切與幕末群英有著密不可分的關聯。

• 《蝴蝶夫人》聲樂家三浦環雕像

# 九州
# 長崎
# 哥拉巴公園
# 蝴蝶夫人
# 幕末志士

# 拜啟龍馬，尋訪豪爽浪人

生命原本可以呈現的百般美好，常常是在等待中蹉跎，不想蹉跎的方法，便是出去走走。旅行不需要理由，坂本龍馬說：「旅行會教導我們世事。」是，旅行能忘卻惱人世事。

從長崎乘公車到伊良林區，舊名龜山的風頭公園，只為一睹龍馬雕像面向長崎港的手姿、坐落山腰，龍馬創立的第一間貿易會社「龜山社中」。

車抵風頭山，眼前石碑銘刻「臺灣新竹成功獅子會」，格外驚喜。

沿路盛開各色紫陽花的山道，風和日麗，展望臺高達四點八公尺的龍馬雕像，威風凜凜凝視長崎港，銅像下方，置有司馬遼太郎記事石碑。

司馬筆下的龍馬，明治政府成立，將功績全讓給西鄉隆盛、大久保利通等人，自己並未進入權力核心，即便如此，新政府成立未及一個月，在京都近江屋與中岡慎太郎商討政局時，突遭失去利益的寄生組織反撲、暗殺，當場斃命。僅只活躍政治十五年，卻是日本邁入現代化的轉捩點。

小說家形容：「日本歷史，龍馬是最具魅力的人物。」豪爽浪人，正是他的本色；只要這個人在，就能激發出感性的生命力。

風頭山遍布龍馬足跡，必訪商社龜山社中、龜山社中資料展示場、若宮稻荷神社，感受龍馬魅力。

隨紫陽花遍野的龍馬道漫步到市區，就在公會堂前巴士站，很快找著龍馬前往龜山社中必經的眼鏡橋。建造在中島川上的石砌舊橋，倒映水面，好似一副眼鏡；造型典雅的三大古橋，果然名不虛傳

• 風頭公園

• 龜山社中

• 風頭山下眼鏡橋

# 九州
# 長崎
# 風頭公園
# 龜山社中
# 眼鏡橋

# 終於去到熊本夏目漱石故居

英文課，夏目漱石要學生翻譯「I love you」，大都譯成「我愛你」。夏目回：「日本人怎麼可能講這樣的話？」應該是「今晚月色真美啊！」文學的夏目，用月色隱約戀情。

離開松山中學，原本無意續任教職的夏目，去到熊本高中，反而費盡心力投身教學，一反過去對教育失望的態度。學生回憶，夏目老師在課堂對學生要求極嚴格，課前不做預習，企圖含糊蒙混的人，必遭嚴厲批評；提出過分簡單無聊問題的人，不可能獲得老師回應，只得靠自己勤查字典。

就算教學嚴厲，任職英語教師四年，他仍是學生口中親切的老師，只要態度認真，無論多糊塗的問題，都會耐心講解，並利用課外講授莎士比亞。

• 夏目漱石在內坪井町的舊居

此外，講解俳句、協助籌措學費、安置生活，都成為學生津津樂道的往事。

搞什麼啊！一心嚮往、探索不見的內坪井町夏目舊宅，竟摸瞎走了好長一段路。抱持萬般興奮心情購票入場，那是一種迫不及待，意欲在最短時間裡攝下最多畫面的衝動，一種讓定境產生驚人力量的效應；可隨意攝影的故居，拍攝初版作品、住居房間，見到夏目喜歡的約翰・艾佛雷特・米萊畫作「枕在水池上的歐菲莉亞」，傾慕情緒整個燃燒起來。

最後，請託女兒拍幾張坐到夏目起居室、在留言簿簽名的照片，還買了夏目親手繪製的「漱石山房」稿紙，以為紀念。

天啊，多麼歡愉的旅程，終於去到夏目漱石在熊本的舊居，濡染一絲文學氣勢。

• 舊居紀念館

# 搭纜車到阿蘇火山口

● 阿蘇神社正殿

熊本除了熊本城，還有阿蘇火山、阿蘇神社。

夏目漱石在熊本第五中學教授英語的一八九九年秋，與學校同僚山川伸二郎相偕登阿蘇山，這是他住在熊本第二次外出旅行。第一次是前往小天溫泉前田家別邸，不久，寫下《草枕》；第二次便是偕同山川君，打算攀登阿蘇火山，不巧半路遇上暴風雨，中途折返，引發他在山王閣溫泉旅館寫下非人情世界的《二百十日》。

位於熊本的阿蘇山，屬阿蘇九重國立公園，山脈是阿蘇火山群通稱。五座火山，第二高的中嶽，至今頻繁出現火山運動，是活火山，東西寬十八公里，南北長二十四公里，名列世界最大火山口。

為感受夏目與同僚依循人跡罕至的山徑入山，未

• 火山口

料遭逢暴風雨，迷了路，無法登上山頂，最後敗興而歸的落寞心情；百年後，我和一群遊客從山下阿蘇纜車站搭乘纜車，順利抵達火山口，探勘模樣。中嶽火山口周圍被外輪山環繞，形成連綿高原，山岳景色壯麗，成為熱門登山點。

再來，為理解夏目登山前的敬天心意，特地到阿蘇神社參拜，我亦前往拜見阿蘇村民為祭祀開拓始祖、感念神明庇佑農事未遭火山摧毀，遂建立的阿蘇神社。

被歷史學者認為兩千多年前彌生時代末期建造的阿蘇神社，兩層造十二　唐門式山門，列名日本三大樓門，供奉十二座神明，庭園植有一棵千年杉樹，稱「結婚的杉」，傳說，祭拜老杉將為婚姻帶來幸福。

# 九州
# 阿蘇
# 阿蘇火山
# 阿蘇神社
# 夏目漱石
# 二百十日

# 家庭是由相愛的人組成

早年忌諱家人同搭一部飛機的決絕心理，某年暑假終下抉擇，脫卸心防，如願以償聚齊九州，在女兒帶動下，一起搭乘肥薩線火車之旅，重拾失落的歡樂。

搭車賞景，是旅行目的。「九州橫斷特急」是為二〇〇四年通車的九州新幹線鹿兒島線南段，將原來行駛熊本至大分，熊本至別府之間的特急「阿蘇」、行駛熊本與人吉之間的特急「球磨川」，整合觀光路線。現今，「九州橫斷特急」從人吉站發車，這是熊本到鹿兒島，乘坐老火車，行經舊站的旅遊，通稱「肥薩線一周」。

沿途經過人吉、坂本、渡、大烟、矢岳、真幸、吉松、粟野、大隅橫川、霧島溫泉、嘉例川、隼人、鹿兒島、鹿兒島中央站，換乘不同年代列車、別具風情的舊式車廂，寬敞走道，復古的深褐色寫字桌、茶飲臺，還有閒坐很古意的座椅，以及「途中下車」讓遊客親歷明治、大正時代建造的車站，或跟車掌合照，的確靈活生動的鐵道之旅。

懷舊旅程，想起跟大多數人一樣，曾經歷淒冷的困頓，那種好似走到窮途末路的運命，足以讓人愚妄撞牆，甚至放棄活下去的念頭；所幸體悟到家庭是由相愛的人組成，所以很快把多憂慮的事端以不知不覺的心情沒入尋常。

如今，意興相投，喜愛旅行，專注眼前景象，安享全家人共乘一列火車，在新穎的舊式車廂，同歡同賞的樂趣，嘴角不覺抹上一絲微笑，拍照留影，然後朝下個可能充滿新奇的地景前行。

• 舊式車廂

• 別具風情的舊式車廂

• 「九州橫斷特急」肥薩線火車

# 九州

# 熊本

# 肥薩線列車

# 鹿兒島

# 男兒立志出鄉關，學若無成不復還

搭乘「九州橫斷特急」肥薩線到鹿兒島，自然要去參觀明治維新誕生的時代要人，西鄉隆盛、大久保利通出生地、維新故里館。

鹿兒島位於九州最南端，範圍從北面縣境到南面與沖繩交界約六百公里，氣候溫和，富於變化的海岸線伸展雙臂，把鹿兒島灣的櫻島環抱其中，南面遙遠的海洋，分布被列為世界自然遺產的屋久島，延綿一百六十二公里，大小十二個島嶼組成的吐葛拉列島，以及日本第三大島奄美大島等三十餘座島嶼。

鹿兒島除了自然資源豐富，也是出現幕末最多維新人物的地方，島津齊彬、篤姬、西鄉隆盛、小松帶刀、大久保利通、活躍島內的坂本龍馬。

一九九四年開館，位於鹿兒島市甲突川河畔加治屋

• 城山下西鄉隆盛雕像

町的維新故里館，展覽室一樓，利用影像、模型、機器人等科技，展示、演出、敘述出生鹿兒島的近代人物，篤姬、西鄉隆盛、大久保利通等人留下「推動明治維新」的豐功偉績。地下一層「維新感受大廳」定時放映《維新之路》，讓遊客身臨其境，好比走進薩摩藩武士，英勇航海征戰的新紀元，以及西南戰爭無比慘烈的景況。

到訪與幕末維新相關的維新故里館，得見周邊設立的西鄉隆盛銅像、大久保利通誕生地、西鄉隆盛與西鄉從道誕生地、東鄉平八郎誕生地、私學校蹟、篤姬雕像、仙巖園。大概因為專注看史蹟的緣故，竟連遠處傳來港口汽笛聲，都使人感傷，好似讀到西鄉隆盛風花雪月的詩作。

• 鹿兒島街市出現坂本龍馬伉儷

# 九州
# 鹿兒島
# 維新故里館
# 西鄉隆盛
# 大久保利通

# 人生一定會有第二座舞臺

• 鶴丸城跡

鹿兒島名勝鶴丸城，由十八代島津家於一六〇二年築造，未具天守閣的頂篷造形建築，世代藩主居城，當前僅存本丸部分石牆。

幕末名女人篤姬，生父是薩摩藩藩主島津忠剛，及長，被堂哥兼薩摩藩本家，島津齊彬領養當義女。本名源篤子，改名藤原敬子，又稱「篤君」，不久，進入大奧，成為幕府第十三代將軍德川家定御臺所。

嫁入將軍府前的一八五三年六月五日到八月二十一日，篤姬在鶴丸城「培訓」兩個月。

被認定是肩負島津齊彬政治目的，以及實現德川慶喜繼任將軍而送往江戶，婚姻生活僅一年九個月，時年二十二。德川家定死後，篤子落飾，法號天璋院殿，通稱天璋院。

• 篤姬雕像

一八六七年，德川慶喜在京都二条城舉行大政奉還儀式，將政權還予明治，天皇頒布《王政復古令》，廢除幕府。

期間，篤姬與德川家茂的正室，向島津家及朝廷求救德川家，圍繞將軍繼承人引發幕府明爭暗鬥，加上家鄉反幕府運動激化，使明治維新動盪不安，篤姬統領大奧，為德川家續存、面對日本新時代來臨，傾盡助力。

一八六八年，戊辰戰爭爆發，討幕軍迫近江戶，篤姬與之斡旋，議和開城，確保德川家命脈。未幾，篤姬離開江戶城，輾轉遷徙千駄谷家屋敷居住，養育第十六代當家德川家達，至一八八三年亡歿，從未再踏進故鄉鹿兒島。

這是第幾日幾年的蟬鳴？生命無長短，我在鶴丸城蹟見到擁有人生第二舞臺的篤姬坐像。

# 九州

# 鹿兒島

# 鶴丸城蹟

# 篤姬

# 埋骨何須桑梓地，人間無處不青山

司馬遼太郎明言：「源賴朝是偉大政治家，但沒人緣；源義經是無聊人物，卻大受歡迎。大久保利通也是偉大政治家，日本人卻喜歡稚氣的西鄉隆盛。政治原是男人的世界，但民眾偏愛女性特質的人物。譬如，西鄉隆盛寫詩，發表幾句名言，結果比大久保利通更得人喜歡。」

明治時期，漢學興盛，武士階級都有一定程度的漢學教養；堅持武士精神，竭力爭取下層武士權益的西鄉隆盛，留下多首感懷述志的漢詩，他在西南戰爭起兵前夕寫了首〈失題〉：「白髮衰顏非所意，壯心橫劍愧無勳。百千窮鬼吾何畏，脫出人間虎豹群。」

照自己的方式去做吧！尚武的西鄉所領軍隊，自西南戰爭爆發，從田原阪敗戰返回鹿兒島，退守城山洞窟。未幾，面對政府軍進攻，守軍不敵，潰敗投降，在城山自戕，別府晉介相侍介錯。

城山是鹿兒島最高峰，海拔一〇七公尺的瞭望臺，俯瞰鹿兒島市區、不遠處裊裊煙霧的櫻島，是欣賞鹿兒島夜色的最佳地點，山頂遍布亞熱帶天然林，蔦、羊齒等六百多種植物。

西南戰爭最末激戰在城山，瞭望臺周遭保留眾多遺址，包括西鄉在戰事尾聲困獸之鬥，人生最後五天的斷魂地；鄉土雕刻家安藤照製作，矗立城山公園，著軍服的西鄉隆盛雕像。

幕末大將終焉塵歸故土，到頭來還是自己的人生。崎嶇斜坡，不易行走的城山後山，我和陪同前往的家人，在狹窄洞窟見到「末代武士」埋身地！

• 城山洞窟

• 西鄉隆盛雕像

• 西鄉隆盛終焉地

#九州

#鹿兒島

#西南戰爭

#城山洞窟

#西鄉隆盛

# 搭乘櫻島丸到櫻島

櫻島，昔日薩摩人的聖山，島內活火山是鹿兒島象徵，也是日本列島三十六座火山中最活躍的一座。櫻島火山由北嶽、中嶽，南嶽組成，面積七十七平方公里，是世界屈指可數，經常噴發岩漿的火山。

櫻島距離鹿兒島四公里，一九一四年「大正大噴發」，掩埋四百公尺寬的海峽，連接對岸大隅半島，流失掉的熔岩約一百億噸，數量驚人。

一家五口從空氣灰濛濛的鹿兒島港，搭乘「櫻島丸」渡輪前往櫻島。看似完美的海上風光，還是可以找到缺點，蒙塵飄開的火山灰就是！

由火山土壤孕育的大根，重達三十公斤，列入金氏世界紀錄，是櫻島特產。此外，世界最小的蜜橘，則是島上居民重要農產品。

搭乘櫻島丸到櫻島碼頭，鄰近錦江灣海域的熔岩公

• 櫻島丸渡輪

園，泡溫泉、泡腳、看海，或到濱海龍神露天溫泉裸浴，泥沙沖積下的溫泉水、嬉笑聲，恰使目光流淌到對岸鹿兒島，想見為捍衛武士道，徒讓蒼生、理念，陷入猛烈硝煙彈雨的「西南戰爭」，無謂的傷亡呀！

小島步道立有詩人海音寺潮五郎的歌碑，上書：「在我們眼前的櫻島火山，是西鄉、大久保也曾目睹的噴火之山。」

沒有人能永遠在那裡。猝然想起日劇《花樣男子》最終章，杉菜、道明寺結婚，花澤類孑身一人，在灑滿陽光的房間，把五人合影放在窗櫺，面對照片說：「我出門了。」臨走前，輕聲念出井伏鱒二釋義的〈勸酒〉詩：「花開多風雨，人生足別離。」

• 熔岩公園

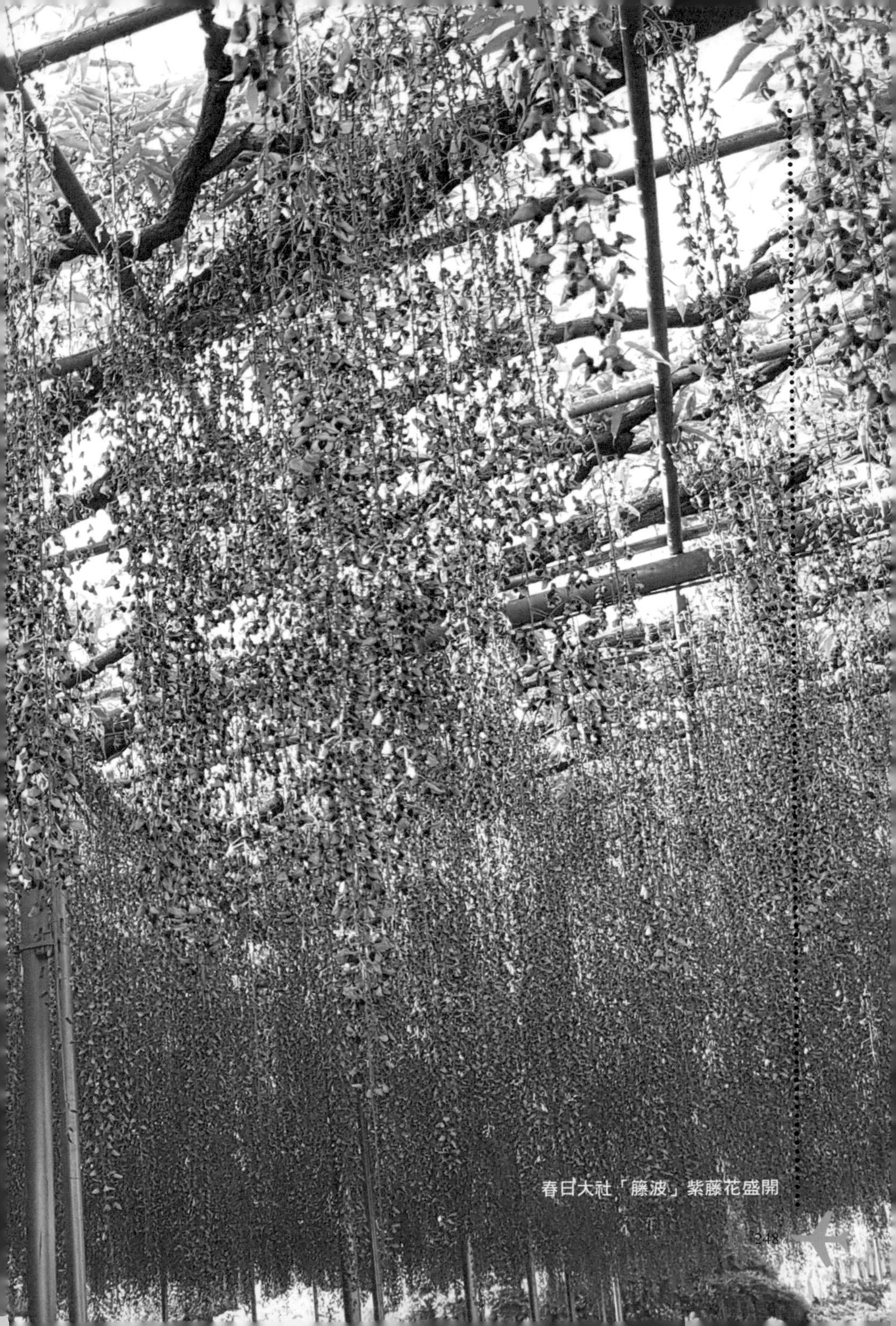
春日大社「籐波」紫藤花盛開

# 我的風景可以成為我們的風景

## ——旅行文學寫作的幾個要素

### 人文是旅行文學用來建立寫作的集體認同

人在發愣當下，不要張惶，睡一覺就好；睡著了，夢，會是還原一切的魔法。或者，心無所思，覺到單調，壓根無所事事，突然悶慌，這時千萬別隨意拿本書來讀；用百無聊賴的心情讀書，讀不出趣味，也可惜了閱讀時光。那就出去走走，別讓沉寂靈魂盤據同個地方太久，朋友、戀人、夫妻、家人、同學都行，只要身邊有意氣相投的人，一起行動，旅行會變得更帶勁。

說實話，困頓生命很無趣，我們的確沒有能耐扭轉世局，也不懂如何改變身處的環境，生活空間這麼窄小，工作、吃飯、讀書、看戲、聊天、生病、老去，或去旅行，是啊！用旅行認識世界。就好比，與其努力克服自己的弱點，不如用優點拿下第一名那樣，調適如萍人生。

愛上旅行是件美妙的事，旅途會遇上平時不易見到的奇人異事；看花、看樹、看山、看海、看古蹟都好，還可能撞見意想不到的美妙風景。旅行經驗積累愈多，回憶就愈有趣。

旅行當下，見到的景物，旅人大都能領會心得，進而產生心裡有話想說的顧念。幸逢年來興起自助旅行，臉書、網誌、部落格，出現大量旅遊印記書寫，甚而冠上「旅行文學」張揚聲勢。

然而，不是信筆塗鴉幾句旅遊見聞，怎麼去？如何搭車？三兩筆景物介紹，就是旅行文學；明明只用三言兩語、數張圖片，寫幾行走馬看花的紀事、蜻蜓點水的報告，怎經得大方品鷺？又何能以「旅行文學」相稱？旅行文學要述說、闡明的是，旅遊動機、人文認知、觀察所得、民情習俗特性、文化思辨、查證後的景點史料、抒發旅途所見人事物景的情懷，重要的是，必須具備精湛文字的敘述技藝，力求如臨現場報導。

文思有濃疏，文筆有良莠，非若能力，慎勿下筆。

旅行文學寫作和作文一樣，都是寫文章。「作」動詞，指寫作；「文」名詞，指文字、文辭、文章、典章。古來所講「作文」，即是闡釋舞弄文墨時，搜奇說異，隨人所知的文才表現。

寫作，解讀為「表達」，在於以文字形式記錄心裡想說的話，俗稱「有話要說」，可對不常提筆的人來說，只要提到「寫作」，臉色驟沉，無奈表情倏忽翻轉，一副「無話可說」模樣。詰其原由，只因覺著寫作無聊無趣，怎麼串字？怎樣組織？好比弄了個魚頭來拆解似，無比沉重的折磨。因為不知如何說？怎麼敘述？所以苦惱。

書寫旅行文學，長短不拘，可議處在：內容與形式並重，主題、景點、史料的感受和想像同樣重要，貴在獨創，反對抄襲，發古人未發，言前人未言才好。

文章既由文字組成，文字具有不同音律與情緒的象徵，然，多數人並未用心觸動這些備有反映美感的工具。有人問蘇格拉底的學生柏拉圖：「你的老師每天都那麼快樂，可是我怎麼覺得他的處境不怎麼樣？」柏拉圖回答：「決定一個人心情如何的關鍵在心境，不是環境。」

對，就是心境、情境、意境、觀察和想像影響旅行文學能否寫出生動的要素。若是不擅長想像就難以描摹，不解意境為何，便無法清晰敘述和說明。

旅行文學寫作，不過是藉由文字描繪與刻畫旅途發生的喜、驚、懼、愛、惡等情緒變化，再用沉穩心情衍生境界，寫下人事物景迴折轉圜的百變風貌。

例如，作家劉克襄在《11元的鐵道旅行》描寫搭火車旅行：「搭乘火車，望向太平洋，深藍色的海迎面而來，常有一種遠離過去，生命突然美好的旅行情緒。」文字簡潔不複雜，意境深刻，這樣描摹景致準沒錯。

## 「人事物」的描摹要領

旅行必然遇見人，碰到事，買了物，賞過景，因此，旅行文學寫作離不開人事物景的描摹。

對「人」來說，需先透過人物的外貌、言語、舉止，把人物的形象具體明示。

對「事」來說，把事情本質和來龍去脈看清楚，說明白。

對「物」來說，需先了解物的特性，如：老火車、禮物、商店小物等特徵，活靈活現表明。

至於「景」，如何把景色寫出生動，無論擬人化、譬喻法，都需著眼景致特性。

描摹「人事物景」，先勾畫出外部面貌，以「形」傳「神」，揭示人事物景的風格。使人產生想法、感觸、聯想等，當思想與情感相互結合，並添文字藝術豐富的感染力，就能使形貌更趨真實、完整、豐盈、深刻。

## 關於「人」的描摹

村上春樹在〈圖書館奇譚〉描寫禿頭老人：

房間裡有一張舊的小桌子，後面坐著一個臉上長滿小黑斑的老人。老人頭禿了，戴一副深度眼鏡，頭禿得有點不乾脆，還有稀稀落落彎曲的白髮，像火燒山之後的殘局似的，牢牢貼在頭皮。

川端康成在《睡美人》描寫女子面容：

女人四十來歲，小個，話聲稚嫩，彷彿有意操著緩慢語調，只見兩片薄薄嘴唇在蠕動。嘴巴幾乎沒有張開，不太看對方的臉。她那雙烏黑的瞳眸裡，不僅含著能使對方放鬆警惕的神色，還有一種習以為常的沉著，使人喪失對她的戒心。

川端康成在《伊豆的舞孃》描寫十七歲舞孃的模樣：

那舞孃看去大約十七歲，頭上盤著大得出奇的舊髮髻，那髮式我連名字都叫不出來，這使她嚴肅的鵝蛋臉顯得非常小，可是又美又調和，她就像頭髮畫得特別豐盛的歷史小說上姑娘的畫像。

## 關於「事」的描摹

劉克襄在《11元的鐵道旅行》觀察搭乘火車常見人潮混亂的月臺：

火車來時，最是熱鬧。火車一天不過泊靠三四回，遊客們聽到轟隆聲，多半會從下方的老街冒出，擠到月臺湊熱鬧。整個村鎮的活絡，似乎因而更沸騰。上下車的遊客，賣便當者，以及觀看的人潮，混亂喧闐，常使月臺和周遭變得像擁擠的嘉年華會。這般繁囂，總要等火車離去了，遊客們又縮回下方幽暗的老街，才告歇息。

村上龍在〈公園〉描寫坐在公園見到的某些光景：

黃昏時分，我正坐在地上，我的影子在身後伸長。這是一個小公園，我不知道自己在找誰，也不知道想回到哪裡。我絕不想一個人行動，沙灘上埋著被破壞了的人影，地面上發出沙沙的冷音，是鞦韆搖擺的聲音呢，還是誰在唱歌，或者是鳥鳴，我不知道。雖然是黃昏，但絕不會變成黑夜。在那個夢裡，我一定會哭出來的。

谷崎潤一郎在《瘋癲老人日記》描述心目中庸俗、雜亂的東京景象：

我認為東京之所以變成今天這樣庸俗、雜亂的都市，都是那幫鄉巴佬，土裡土氣的，不瞭解東京從前風貌的政治家們幹的，他們把日本橋、築地橋和柳橋下面流淌的清澈河水變成了臭水溝，就是這些不知道隅田川裡曾有過白魚游動的時代的傢伙們幹的。

## 關於「物」的描摹

川端康成在〈美麗的日本的我〉從陶瓷抒發美的體驗：

在日本陶瓷花瓶中，格調最高，價值最貴的古伊賀陶瓷，用水濡濕後，就像剛甦醒似的，放出美麗的光彩。伊賀陶瓷是用高溫燒成的，燃料為稻草，稻草灰和煙灰降在花瓶體上，或飄流過去，隨火候下降，它就變成像釉彩一般的東西。

谷崎潤一郎在《陰翳禮讚》描述紙張：

我們對西洋紙單作為日用品使用以外，沒有任何感覺，可是一看到唐紙與和紙的肌紋，總有一種溫情親密之感，即會心情安適寧靜。同樣一種白色，西洋紙的白與奉紙、唐紙之白不同，西洋紙的表面雖有反光，奉紙與唐紙的表層卻嬌柔得似瑞雪初降，軟和的在吸取陽光，而且手感溫潤，摺疊無聲。這與手接觸綠樹嫩葉一樣，感到濕潤與溫寧，而我們一見閃閃發光的器物，心情就不大安寧了。

谷崎潤一郎在《陰翳禮讚》描述幽暗：

搖曳不定的燭光，彷彿穿透不過那濃濃的黑暗而被黑色牆壁彈了回來。諸位也看到過「燈火照著幽暗」的色彩嗎？這與夜間道路上的幽暗性質相異。這種暗色，看起來好像是一粒一粒具有虹色光輝的沾滿細小塵灰的微粒子物質。我想它會不會飛入我的眼瞼，不禁屢屢眨眼。

芥川龍之介在〈女性〉觀察新生蜘蛛的活動：

小蜘蛛馬上鑽過圓屋頂的窗子，一哄擁上通風透光的紅月季的花枝。牠們的一部分擁擠在忍著酷暑的月季的葉子上。還有一部分好奇的爬進噴著蜜香的層層花瓣的月季花裡去。另有一部分已經縱橫交錯於晴空之中的月季花枝與花枝之間，開始張起肉眼看不清的細絲。如果它們能叫的話，在這白晝的紅月季花上，一定會像掛在枝頭的小提琴在風中歌唱那樣，鳴叫轟響。

梁實秋在〈鳥〉敘說愛鳥的心情與心得：

鳥的身軀都是玲瓏飽滿的，細瘦而不乾癟，豐腴而不臃腫，真是減一分則太瘦、增一分則太肥那樣的穠纖合度。

張曉風在《人體中的繁星和穹蒼》描述星星：

夜空裡，繁星如一春花事，騰騰烈烈，開到盛時，讓人擔心它簡直自己都不知該如何去了結。

## 「景」的描摹要領

美國作家、旅遊生活頻道節目主持人安東尼・波登說：「作個旅行家，別當觀光客。」對於前往世界各國旅行賞景，從不預設立場，他認為旅途不但可以看見自己心境的轉換，也能傾聽風景，傾聽動人故事；強調，真正的旅行不在追隨他人成功的旅遊經驗，而是透過心境轉化，創造屬於自己的故事。

還說：「我喜歡讀一些背景設在將去那邊旅遊的小說。比起旅遊書，小說在某些方面更有用，因為它描述更多細節，像是一個地方聞起來的味道或這地方的情緒氛圍。所以，假如要去越南，我會帶格雷厄姆格林的《沉靜的美國人》，抵達前先感受當地的浪漫情懷是件不賴的事。」

又說：「當我來到一個新地方，會試著早起，差不多早上六點到中央市場看看。當人們為了生意採購時，你會看到在地人所買和真正所吃的東西，通常攤販和卡車會和在地人有所默契在，你便可知曉這個城市或國家所擅長的料理，因為他們在市場尋覓的正是道地的滋味。」

旅行過程，處處風景，樹是景，山水是景，建築是景，世界文化遺產是景，就連坐在咖啡屋喝咖啡的人也是景。安東尼・波登說：「不難想像咖啡座是如此貼近法國人的生活；我點了一杯咖啡、一個火腿三明治，整排椅子都面對同個方向，還有一張面對大街的小桌子。就是這麼簡單，坐在椅子上，看著一切，快樂就是這麼簡單的事。」

旅行文學寫「景」，亦即風景、季節、古蹟、大自然，包括靜態與動態、客觀與主觀、反襯與對比三種。敘述看見「良辰美景」隱隱然會「見景生情」、「即景會心」、「情景交融」、「觸景傷懷」，甚而「大殺風景」或「景物依舊，人事全非。」情景交融的寫作包括寓情於景、借景抒情，是指意境創造的特徵。至於「景」美不美的見解，該從哪個角度切入，但憑個人主觀喜好做依據。「美」本是一種感知作祟，很難做到客觀。

景中藏情的寫作方式在於全神貫注描摹，不刻意追求和表達任何情感，只要寫出鮮活景致，然後在描繪景物時使用情感濃郁的文字，輕悄敘述出來，情藏景中，更能顯出對景的深情濃意。出生大清帝國末年的國學大師王國維說：「文學中有二元質焉：曰景，曰情。」意境創造就是把「景與情」兩者結合起來的寫作藝術。

日本畫家東山魁夷說：「所謂風景是什麼？我們認識風景，是透過個人眼睛而獲得心靈感知。嚴格的說，也可以認為誰的心中都不存在一樣的風景。只是，既然人類的心靈可以彼此相通，那麼我的風景就可以成為我們的風景。」雨果在《悲慘世界》說：「世界上最寬闊的是海洋，比海洋更寬闊的是天空，比天空更寬闊的是人的心靈。」這即是寓景於情呀！

海明威在〈雨裡的貓〉描述旅行中所見旅館景象：

旅館裡，留宿的美國客人只有兩個，他們打房間裡出出進進，經過樓梯時，一路上碰到的人都不認識。他們的房間就在面海的二樓，房間還面對公園和戰爭紀念碑，公園裡有大棕櫚樹，綠色的長椅。天氣好的時候，常常可以看到一個帶著畫架的藝術家，藝術家們都喜歡棕櫚樹那種長勢，喜歡面對公園和海的旅館的那種鮮豔的色彩。義大利人老遠趕來望著戰爭紀念碑，紀念碑是用青銅鑄成的，在雨裡閃閃發光。

三島由紀夫在《金閣寺》描述美的金閣寺：

什麼時候妳可以對我親切些？並告訴我有關妳的祕密？我相信，再進一步就可以發掘到妳的美麗了，但目前我還捉摸不出來，但願妳比我幻想中的更美麗動人。還有，如果妳的美若真是舉世無匹，也請妳告訴我，為什麼妳會那麼美？為什麼非那麼美不可。

三島由紀夫在《潮騷》描述神島燈塔：

燈塔聳立的斷崖下，不斷傳來伊良湖海峽的海潮聲。起風的日子，連接伊勢海和太平洋的狹窄海峽，翻捲起無數漩渦。隔著海峽，是渥美半島的盡頭，在多石而荒涼的岸邊，聳立一座伊良湖海岬的小燈塔。

村上春樹在〈泥土中她的小狗〉描寫雨：

雨幾乎在我到達這裡的同時就開始下起來。第二天早晨醒來時雨還在下，夜晚要睡覺，雨也還在繼續下著，這樣反反覆覆的繼續了三天，雨一次都沒有停過。不，或許不是這樣也不一定，雨實際上或許曾經停過幾次也不一定。只是假定雨曾經停過，那也是在我睡覺時或眼睛睜開時的事。只要我眼睛看著外面，雨總是不休止的繼續下著，我一醒過來，雨也還在下著。

三島由紀夫在《天人五衰》描寫海邊：

海灣霧靄迷濛，遠方的船隻影影綽綽，但終究比昨天晴朗，可以依稀見到半島上山巒的剪影。五月的海面，波平浪靜，陽光普照，雲絮縹緲，長空碧透。

川端康成在《古都》描寫松樹與垂櫻：

水池對岸的樹叢中，棖木靦腆的開著白花。千重子想起奈良來了，那裡有許多松樹，雖未成材，卻也千姿百態。倘使沒有櫻花，那勁松的翠綠倒也能引人入勝。不，就是現在，松木的蓊鬱清翠和池子的悠悠綠水，也能把垂櫻的簇簇紅花，襯得更加鮮艷奪目。

川端康成在《伊豆的舞孃》描寫山景：

道路變得曲曲折折的，眼看著就要到天城山的山頂了，正在這麼想的時候，陣雨已經把茂密的杉樹林籠罩成白花花一片，以驚人速度從山腳下向我追來。

川端康成在《雪國》描寫雪景：

雲霧繚繞，背陰的山巒和朝陽的山巒重疊在一起，向陽和背陽不斷的變換著，現出一派蒼涼景象。過不多久，滑雪場也忽然昏沉下來。把視線投向窗下，只見枯萎的菊花籬笆上，掛著凍結的霜柱。屋頂融雪，從落水管滴落下來，聲音不絕於耳。

川端康成在《千羽鶴》描寫街景：

那條大街差不多跟國營電車線形成直角，東西走向，正好反射西照的陽光。宛如一塊金屬板，燦燦晃眼。但是，由於是從接受夕照的街樹背面看的緣故，那墨綠色顯得特別深沉，樹蔭涼爽。樹枝舒展，闊葉茂盛。大街兩旁，是一幢幢堅固的洋樓。

三島由紀夫在《金閣寺》描寫月色：

月亮從不動山的山際升起，金閣從背面承受月光，折疊著黑暗而複雜的影子，寂然無聲，唯有究竟頂的花格子窗框，瀉入清亮月影。究竟頂四周通風，朦朧的月亮彷彿就呆在那裡。

夏目漱石在《夢十夜・第五夜》描寫烈火：

偶爾會傳來篝火崩裂的聲音。每當篝火崩裂，流竄的火焰即狼狽不堪的將火舌轉向大將。大將的雙眸，在濃眉之下閃閃發光。篝火崩裂後，馬上會有人再拋下樹枝於火中，過一會，火勢又會啪吱啪吱旺盛起來，那聲音，勇猛得似能彈開黯夜一般。

## 「季節」的描摹要領

「春夏秋冬」指天地一年間，四個季節的輪迴周期，以及四時更迭產生的天候變化。春溫、夏熱、秋燥、冬寒；人類用春生、夏長、秋收、冬藏，象徵生命消長與生滅。「春來秋去泉東瀉，芳顏不似前瀟灑。」春夏秋冬可也是形容時光匆匆，旅途中必然面對的自然界變化，好比人生呀！

### 關於「春景」描摹

許達然在《遠方・漠》寫到春天光景：

你告訴我春天來了，我高興的像小孩子聽到母親說可以打開玩具箱時一樣，輕輕的開窗，想先偷看它的丰采，然後迎接它進來。但是，春在哪裡？光亮是從我這裡出去的，春還在冬眠？

那麼，我去叫醒它，可是它在哪裡？沒有人回答我，你應該回答我的，可是你只茫然笑一笑，好似被冬天禁錮太久的你已遺忘屬於春天的字彙了。

川端康成在〈翼的抒情歌〉描寫春天美貌：

南邊的海岬上有五六枝早開的櫻花。我想，這在東京恐怕還是很稀罕的吧，所以就讓鴿子給你帶去了。在這一帶，梅花、櫻花、山茶花幾乎是同時盛開的，在我心中，那繁花似錦的春天似乎也快要甦醒過來了。

## 關於「夏景」描摹

永井荷風在《蟲之聲》描寫夏夜：

我有個習慣，夏天每晚都要出外納涼，有時到熟人家裡，會一會久未見面的朋友，不覺間夜已深了。回家路上，夜風不知何時變得清涼起來，戴著帽子的額際也不見汗，自感腳步輕鬆。

謝冰瑩在〈愛晚亭〉描寫夏日黃昏：

淡淡的陽光，穿過叢密的樹林，穿過天頂，漸漸的往西邊的角上移去，歸鴉掠過我的頭頂，嗚呀嗚呀的叫了幾聲；蟬聲也嘈雜起來，流水的聲音似乎也宏大了，林間的晚風也開始它們的工作，我忽而打了一個寒噤，覺得有些涼意，站起來整理了衣裙，低頭望望我坐著的青草，已被我蹂躪得烘熱而稀軟了。

## 關於「秋景」描摹

川端康成在〈初秋四景〉寫出秋的意象：

秋天也是從腳心的顏色、指甲的色澤中出來的。入夏之前，讓我赤著腳吧，秋天到來之前，把赤腳藏起來吧，夏天把指甲修剪乾淨吧，初秋讓指甲留點骯髒是否更暖和些。秋天曲肱為枕，胳膊肘都曬黑了，假使入秋食欲不旺盛，就有點空得慌了。耳垢太厚的人是不懂得秋天的。

紫式部在《源氏物語》描述心目中典雅的秋：

望著這一園野外風味的庭景，不覺教人心曠神怡，連春天的山色都幾乎要淡忘了呢。說到春天與秋天，古來多數人總是推崇秋天，前一陣子還被春之殿的花園吸引的人們，看來現在又移心於這邊了。唉，這情形正如同世態炎涼，無可如何。

## 關於「冬景」描摹

梁實秋在〈雪〉描寫銀色世界迷人的白茫茫色彩：

雪的可愛處在於它的廣被大地，覆蓋一切，沒有差別。冬夜擁被而眠，覺寒氣襲人，蜷縮不敢動，凌晨張開眼皮，窗櫺窗簾隙處有強光閃映大異往日，起來推窗一看，啊！白茫茫一片銀世界。竹枝松葉頂著一堆堆的白雪，杈芽老樹也都鑲了銀邊。朱門與蓬戶同樣的蒙受它的沾被，雕欄玉砌與甕牖桑樞沒有差別待遇。地面上的坑穴窪溜，冰面上的枯枝斷梗，路面上的殘芻敗屑，全都罩在天空拋下的一件鶴氅之下。雪就是這樣的大公無私，妝點美好的事物，也遮掩一切的蕪穢，雖然不能遮掩太久。

莫泊桑在《俘虜》描寫雪地：

森林裡除了雪花落到樹上的輕微摩擦聲以外，沒有一點騷動。雪從中午就開始落下，是一陣不大的小雪，在樹枝上集成一層苔蘚樣的冰，在落葉上鋪出一層銀樣薄衣，在道路上撒成一幅又白又軟而又廣闊無邊的地毯，並且加重這樹海裡沒有界限的沉寂氣象。

## 跟大自然現象借詞形容

不必抱殘守缺執意「起承轉合」才是寫作王道，旅行文學四要件「人事物景」，需用「雅順通融」四元素寫作；描摹遊記，不過就是說出旅歷心得，用知性人文看待感性行旅，正是旅遊本心，如此便能遍觀萬象、暢談見聞。

讀村上春樹〈五月的海岸線〉，這樣描述夏日赤腳到海邊游泳的歡愉心情：

「一到夏天我每天都在這海裡游泳呢。光穿著一條游泳褲，就從家裡的庭院赤腳走到海岸來喲！被太陽曬過的柏油路燙得不得了，一面跳著一面走，有時會下一陣午後陣雨，被燒熱的柏油路面吸進去的雨水發出的氣味，我喜歡得不得了。」

大自然是蒼天賦予世間的恩澤，非人造景致，天地萬物無不以此存在。描摹山水景物、花草鳥獸、四季萬象，著重人文內涵，才得深遠、好讀。

文字存在本身即具誇大、修飾功能，使用者做文章時，易於有意無意渲染情事過程，把偏愛、喜歡的，形容得極好，如：美若天仙、飄飄欲仙、欣喜若狂；同樣會把不喜歡、厭惡的，形容得極壞，如：行屍走肉、滔天大罪、惡行滿貫。比如譬喻勢力極盛大，可以使風雲為之改變顏色的「風雲變色」便是一例，這是修辭作用使然，由是，見到好風景，不能只用「美麗」、「漂亮」、「好美」、「好棒」形容，那是詞窮的陳腔濫調；風景好看可有多種樣貌，比喻大自然必須隨之變通。這裡，蒐集描景的部分成語供參考，這些形容詞的文字構成，大都借用大自然現象作為組成因子：

**景：**

一碧萬頃、人間仙境、人跡罕至、千回百轉、千岩競秀、山水秀麗、山光水色、山在虛無縹緲間、山明水秀、山青水秀、山景青翠、五光十色、五彩繽紛、五顏六色、分外妖嬈、天朗氣清、引人入勝、心曠神怡、月夕花朝、水天一色、水木清華、水光山色、水色碧綠、水碧山青、火樹銀花、世外桃源、古色古香、巧奪天工、良辰美景、如花似錦、如雨若霧、如雪似煙、如詩如畫、別有洞天、汪洋大海、秀色可餐、奇光異彩、波光瀲灩、金碧輝煌、青山綠水、青碧無雲、柔和美好、美不勝收、美妙絕倫、美輪美奐、重巒疊嶂、風光秀麗、風光明媚、風光旖旎、風景不殊、粉妝玉砌、高聳入雲、清幽脫俗、清幽雅致、清風徐來、富麗堂皇、嵐影湖光、斑駁陸離、景色宜人、景色鮮明、清澈如鏡、恬淡如詩、湖光山色、湛藍天空、窗明几淨、虛無漂緲、雄偉壯麗、雲蒸霞蔚、煙波浩渺 、萬家燈火、詩情畫意、碧水縈迴、碧海青天、碧草如茵、綠蔭蔥蘢、銀河倒瀉、蔚為壯觀、賞心樂事、曉風殘月、燈火輝煌、靜謐之美、臨水登山、臨風對月。

**春：**

大地回春、古樹參天、百花爭豔、百花齊放、含苞待放、爭奇鬥豔、花紅柳綠、花團錦簇、姹紫嫣紅、春山含笑、春和景明、春氣和煦、春暖花香、春光明媚、春回大地、春色滿園、春色撩人、春雨綿綿、春風和氣、春寒料峭、春華秋實、春意盎然、春意闌珊、春暖花開、枯木逢春、紅情綠意、風清月朗、桂馥蘭香、桃紅李白、紛紅駭綠、紛紛揚揚、草長鶯飛、晨光熹微、鳥語花香、皓月千里、暗香疏影、滂沱大雨、萬木爭榮、萬紫千紅、蜂飛蝶舞、滿園春色、綠草如茵、綠樹成蔭、繁花似錦、鶯歌燕舞、鬱鬱蔥蔥。

**夏：**

大汗淋漓 、火傘高張 、狂風烈日、枝繁葉茂、炎陽炙人、夏日可畏、夏蟲不可以語冰、烈日炎炎 、烈日當空、皎陽似火 、鳥語蟬鳴、揮汗如雨、萬木蔥蘢、電閃雷鳴、赫赫炎炎、驕陽如火。

**秋：**

天末涼風、天高雲淡 、北雁南飛、吟風弄月、果實累累、金風玉露、金桂飄香 、春花秋月、花好月圓、花前月下、秋色宜人、秋風送爽、秋風掃落葉、秋風習習、秋風過耳、秋風團扇、秋扇見捐、秋高氣爽、秋菊怒放、風清月朗、桂子飄香、葉落知秋、滿山紅葉、碩果累累、蘆花飄揚。

**冬：**

天寒地凍、天凝地閉、北風呼嘯、白雪皚皚、冰天雪地、冰封大地、冰封雪蓋、松柏後凋、風刀霜劍、風雨淒淒、風雪交加、淒風苦雨、雪上加霜、寒木春華、寒冬臘月、寒花晚節、寒風刺骨、傲雪凌霜、歲暮天寒、瑞雪紛飛、滴水成冰、漫天飛雪。

作家的日本文學地景紀行及旅行文學寫作便覽

# 旅行文學的112堂寫作課


攝影・著作／陳銘磻
美術編輯／方麗卿
企畫選書人／賈俊國

總編輯／賈俊國
副總編輯／蘇士尹
編輯／高懿萩
行銷企畫／張莉滎・蕭羽猜

發 行 人／何飛鵬
法律顧問／元禾法律事務所王子文律師
出　　版／布克文化出版事業部
臺北市中山區民生東路二段 141 號 8 樓
電話：(02)2500-7008 傳真：(02)2502-7676
Email：sbooker.service@cite.com.tw
發　行／英屬蓋曼群島商家庭傳媒股份有限公司城邦分公司
臺北市中山區民生東路二段 141 號 2 樓
書虫客服服務專線：(02)2500-7718；2500-7719
24 小時傳真專線：(02)2500-1990；2500-1991
劃撥帳號：19863813；戶名：書虫股份有限公司
讀者服務信箱：service@readingclub.com.tw
香港發行所／城邦（香港）出版集團有限公司
香港灣仔駱克道 193 號東超商業中心 1 樓
電話：+852-2508-6231 傳真：+852-2578-9337
Email：hkcite@biznetvigator.com
馬新發行所／城邦（馬新）出版集團 Cité (M) Sdn. Bhd.
41， Jalan Radin Anum， Bandar Baru Sri Petaling，
57000 Kuala Lumpur， Malaysia
電話：+603- 9057-8822 傳真：+603- 9057-6622
Email：cite@cite.com.my
印　刷／韋懋實業有限公司
初　版／2021 年 01 月
定　價／450 元


城邦讀書花園 www.cite.com.tw　布克文化